COMPILATION OF TYPICAL CASES
FOR REFINED TRAFFIC OPERATION OF URBAN ROADS

城市道路交通组织精细化典型案例汇编

第二辑

公安部交通管理科学研究所 组编

机械工业出版社
CHINA MACHINE PRESS

《城市道路交通组织精细化典型案例汇编（第二辑）》围绕城市道路交通中的典型场景，选取路口交通安全提升，典型过饱和路口路段交通优化，流量不均衡路口优化改善，非常规路口综合治理，小间距连续路口通行管控，医院、学校及交通集散地周边交通组织优化等实战案例，从现状及问题分析、优化思路、优化措施、实施效果方面对案例进行深入剖析和点评，总结经验，提炼做法，为各地加强城市交通精细化管理提供可学可鉴的方法。

本书适合交通管理者、科研院所专家、咨询设计单位从业人员等阅读使用。

图书在版编目（CIP）数据

城市道路交通组织精细化典型案例汇编：第二辑 / 公安部交通管理科学研究所组编；刘东波主编. — 北京：机械工业出版社，2021.11
 ISBN 978-7-111-69529-5

Ⅰ.①城⋯ Ⅱ.①公⋯ ②刘⋯ Ⅲ.①城市道路–交通运输管理–案例–中国 Ⅳ.①U491

中国版本图书馆CIP数据核字（2021）第220975号

机械工业出版社（北京市百万庄大街22号 邮政编码100037）
策划编辑：李 军　　　责任编辑：李 军
责任校对：梁 倩　　　责任印制：常天培
北京市雅迪彩色印刷有限公司印刷

2022年1月第1版第1次印刷
0001—2500册
184mm×260mm・13.5印张・322千字
标准书号：ISBN 978-7-111-69529-5
定价：128.00元

电话服务　　　　　　网络服务
客服电话：010-88361066　　机 工 官 网：www.cmpbook.com
　　　　　010-88379833　　机 工 官 博：weibo.com/cmp1952
　　　　　010-68326294　　金 书 网：www.golden-book.com
封底无防伪标均为盗版　　机工教育服务网：www.cmpedu.com

编写组

主　编　刘东波
副主编　顾金刚　陈宁宁
参　编　钱　晨　王建强　胡建伟　祖永昶
　　　　李　娅　付　强　林　科　洪　波
　　　　修甜甜　卢　健　王　波　司宇琪
　　　　华璟怡　汤若天

特别鸣谢

石家庄市公安局交通管理局
唐山市公安局交通警察支队
张家口市公安局交通警察支队
包头市公安局交通管理支队
沈阳市公安局交通警察局
鸡西市公安局交通警察支队
抚远市公安局交通警察大队
南京市公安局交通警察支队
无锡市公安局交通警察支队
扬州市公安局交通警察支队
宁波市公安局交通警察局
余姚市公安局交通警察大队
湖州市德清县公安局交通警察大队
嘉兴市公安局南湖区分局交通警察大队
南昌市公安局交通管理局
济宁市公安局交通警察支队北湖新区勤务大队
长沙市公安局交通警察支队
广州市公安局交通警察支队秩序设施大队
防城港市公安局交通警察支队
重庆市公安局交通巡逻警察总队秩序支队
昆明市公安局交通警察支队
大理市公安局交通警察大队
天水市公安局交通警察支队

前　言

"他山之石，可以攻玉"。2020年6月出版的《城市道路交通组织精细化典型案例汇编》，以典型案例剖析和经验分享的方式，为各地公安交通管理部门治理城市道路交通、服务群众出行提供了一些可鉴可用的思路和方法，受到了广泛欢迎。为继续支持各地城市道路交通管理工作，我们编写了《城市道路交通组织精细化典型案例汇编（第二辑）》，希望读者能从中获得一些启发，提升交通管理和服务的水平。

编写组结合公安部部署的道路交通事故预防"减量控大"工作方案和持续深入落实"城市道路交通文明畅通提升行动计划"的工作要求，以问题为导向，针对城市道路交通中的典型场景，从路口交通安全提升，典型过饱和路口路段交通优化，流量不均衡路口优化改善，非常规路口综合治理，小间距连续路口通行管控，医院、学校及交通集散地周边交通组织优化等方面，遴选了25个实施效果显著、具备推广价值的实战案例，从现状及问题分析、优化思路、优化措施、实施效果等方面对案例进行深入剖析和点评，总结了典型场景问题下交通优化的基本机理和经验做法，让大家学习、借鉴，并因地制宜地改进道路交通精细化治理工作。

在案例的遴选和整理过程中，广东振业优控科技股份有限公司提供了大力支持，在此表示衷心感谢！

《案例汇编（第二辑）》得到了国家重点研发计划项目"城市多模式交通系统协同控制关键技术与系统集成"（项目编号：2018YFB1601000）课题二"场景目标导向的交通组织与控制协同优化方法"的支持和资助，并结合调研总结汇编形成典型交通场景案例指南。

由于编写人员水平有限，书中难免有不妥之处，恳请广大读者批评指正。

编写组
2021年8月

目 录

前言

路口交通安全提升

信号相位优化减少交通冲突	...002
"右转弯危险区"设置	...009
非机动车路口等候区设置	...015
路口慢行交通安全一体化提升	...022

典型过饱和路口路段交通优化

核心商圈关键路口精细化组织	...030
绿波协调缓解排队溢出问题	...041
关键路口周边"微片区"联动控制	...048
大流量环岛的灯控设计	...056

流量不均衡路口优化改善

潮汐性路口的可变导向车道设置	...064
快速路下匝道衔接路口交通组织	...072
大货车集中路口渠化设计	...079

非常规路口综合治理

错位十字交叉口交通组织优化	...086
Y形路口的环岛化改造	...095
斜交路口的交通安全改善	...104

Contents

小间距连续路口通行管控

信号路口"一机多岗"控制 ...116

沿河路及跨河桥片区交通拥堵改善 ...125

桥梁施工区域交通组织 ...133

双畸形路口交通组织优化 ...140

医院、学校交通组织优化

综合型医院的停车管理及区域道路交通优化 ...150

医院区域的单循环交通组织 ...159

医院出入口路段的协调控制 ...169

安全高效的学校接送系统 ...177

交通集散地周边交通组织优化

高铁站旅客接送通道交通组织 ...184

火车站周边高峰控流疏导设计 ...193

体育中心大型活动交通精准管控 ...199

路口交通安全提升

信号相位优化减少交通冲突

"右转弯危险区"设置

非机动车路口等候区设置

路口慢行交通安全一体化提升

信号相位优化减少交通冲突

案例简介

城市道路交通流机非混行路口容易产生交织冲突,特别是高峰流量过饱和情形下,交通冲突问题显得尤其突出,对于路口精细化管控提出较高要求。本案例综合运用控右相位、相序调整、行人专用相位、控制时段精细划分等措施减少交通冲突,保障通行安全,规避了潜在交通事故隐患。

现状及问题分析

山海大道-防钦路路口是防城港市防城区的关键节点,为信号控制T形路口,周边住宅、商业、行政区等密集分布,日常车流量、人流量较大(图1)。东西方向的防钦路是防城区主要通勤道路,受出入城高峰影响,早晚高峰东进口车流量较大。南向的山海大道是连接防城站、民族大道、团结大道的交通性主干路,全天右转车流量较大。

1. 东出口合流冲突

该路口虽已增设右转信号灯,但由于相位设置不当,西进口直行(2车道)与南进口右转(2车道)放行汇流时,4股车流汇入东出口3条车道,导致机动车流交织、通行缓慢,且交织处夹杂大量非机动车,安全隐患较大(图2、图3)。

图1 路口地理位置

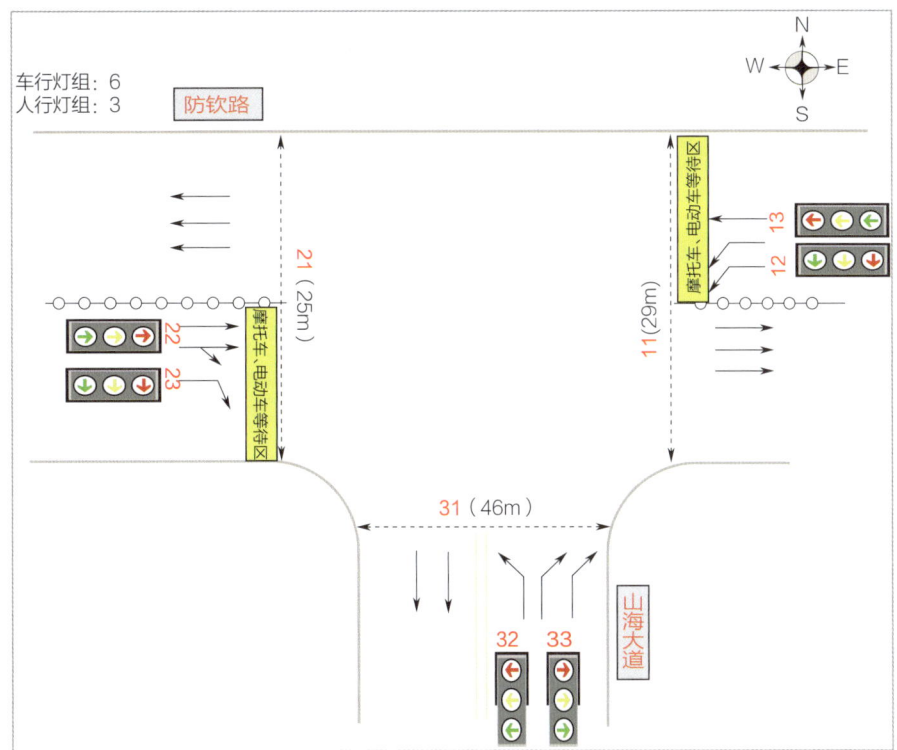

图 2 路口基础信息

图 3 东出口车流交织

2. 东进口机非冲突

由于东进口未设置非机动车专用道,大量左转非机动车停留在停止线前。虽已增设非机动车待行区,但相位设置不当,导致先放行直行车流时,左转非机动车挡住或影响直行车流通行,造成直行车流通行缓慢,通行秩序及效率低下(图4)。

图 4　非机动车挡住或影响直行车流通行

3. 路口车流尾车冲突

路口东、西距离为 46m,西进口直行尾车 3s 黄灯消散时间略显不足。当下一阶段放行东进口左转与直行时,存在左转机动车、非机动车与东出口尾车冲突,安全隐患较大(图5)。

图 5　直行尾车与左转车流冲突

4. 东进口左转多次排队

早晚高峰时段，东进口左转车流量较大，存在二次或三次排队现象，通行效率不高，高峰期存在较严重拥堵及排长队现象（图6）。

图 6　左转排队过长

优化思路

- 调整南进口右转控制，减少与东西向的合流冲突。
- 优先放行东进口左转非机动车，化解机非车流冲突。
- 精细划分控制时段，合理匹配通行需求特征。
- 保留行人专用相位，降低路口行人通行干扰。

优化措施

1. 优化控右相位

通过灵活调整路口相位组合形式，将南进口右转与西进口直行分开放行，同时在放行南左转时仍放行南右转，将南右转相位调换至东进口单独放行相位前，保证南进口右转车流高效、连续通行。

2. 优先放行左转非机动车

调整原方案（表1）中相位1与相位2的放行相序，先放行相位2，再放行相位1，将东进口左转待行非机动车清空完毕后，再放行东西进口直行车流，从而化解等待区非机动车与直行车流冲突，进一步提升直行车流通行效率。

3. 细化信号配时方案

结合路口交通流特点划分控制时段，细化各时段配时方案（表2），以适应不同时段车流通行需求，缓解东进口二次排队压力。

表1　山海大道－防钦路相位放行方案（优化前）

时段	周期	相位1	相位2	相位3	相位4
全天	161s	53s	39s	38s	31s

表2　山海大道－防钦路相位放行方案（优化后）

时段	周期	相位1	相位2	相位3	相位4
0:00—7:00	118s	25s	30s	28s	35s
7:00—8:30	153s	30s	58s	35s	30s
8:30—12:00	159s	43s	40s	46s	30s
12:00—15:00	145s	30s	40s	40s	35s
15:00—16:45	151s	33s	43s	40s	35s
16:45—19:45	175s	33s	55s	52s	35s
19:45—22:00	135s	30s	35s	35s	35s
22:00—24:00	120s	25s	30s	30s	35s

实施效果

1. 有效解决东西进口机非冲突

优化后东西进口直行车流通行较为顺畅，非机动车通行安全性得到明显改善（图7）。

优化前：交织严重　　　　　　　　　　　　　　优化后：通行有序

图 7　西进口交织冲突优化前后对比

2. 有力化解东西直行尾车冲突（图 8）

优化前：东出口尾车与下一相位东进口左转交织　　　优化后：无交织干扰

图 8　东进口尾车冲突优化前后对比

3. 东进口二次排队长度明显缩短，通行效率大幅提升（图 9）

优化前：二次排队长度长　　　　　　　　　　优化后：基本无二次排队

图 9　东进口排队长度优化前后对比

优化前后主要流向实际通行交通量对比见表 3。

表3 优化前后主要流向实际通行交通量对比

交通流向	优化前	优化后	提升率
南进口右转/(pcu/h)	438	612	39.72%
东进口直行/(pcu/h)	563	720	27.89%
东进口左转/(pcu/h)	787	1125	42.95%

案例点评

本案例在考虑路口地理区位特点及车流量、人流量特性的基础上，充分分析了尾车冲突、机非冲突、汇流冲突等交通问题，通过合理设置控右相位、优先放行左转非机动车等措施，巧妙化解了机非交通冲突，对于机非混行过饱和路口的秩序改善与效率提升，不失为一种简单有效的方法。

由于本案例东进口采用进口单独放行方式，且缺少非机动车道，容易造成机动车与左转非机动车冲突问题。对此，可考虑压缩机动车道宽度或拓宽道路，施划非机动车道，同时可采取前置非机动车待行区、增设非机动车信号灯的方式，减少机非混行。

针对常见路口交通冲突，可从效费比的角度优先考虑采用信号控制方式进行问题治理，根据控制效果的预期符合程度逐步采取设施隔离、禁限行等其他交通组织措施，直至达到预期交通管控目的。

"右转弯危险区"设置

案例简介

城市道路交叉口大型车右转与慢行交通之间的冲突事故频繁发生，后果严重，这也是交管工作中的难点问题。为切实预防和减少此类事故的发生，无锡市交警支队在容易发生该类事故的交叉口设置"右转弯危险区"，提示机动车驾驶人规范行车线路，警示非机动车驾驶人注意避让，为减少大型车右转交通事故、提升交叉口安全提供了实践经验。

现状问题及分析

城市道路交叉口右转机动车与慢行交通发生事故的主要原因是机动车辆右转时存在内轮差及视线盲区，尤其是大型车辆，当观察不清或车速较快时，容易导致非机动车或行人被卷入机动车的恶性事故（图1、图2）。各地交管部门在工作中通过采取一系列措施预防此类事故的发生，包括设置右转减速避让标志对车辆驾驶人进行提醒、通过工程措施缩小路缘石半径迫使右转机动车降速、设置机动车"控右"相位消除机非冲突等。

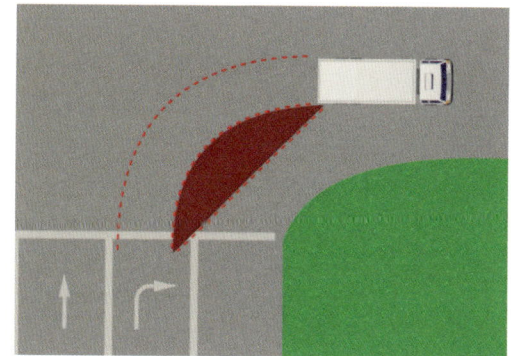 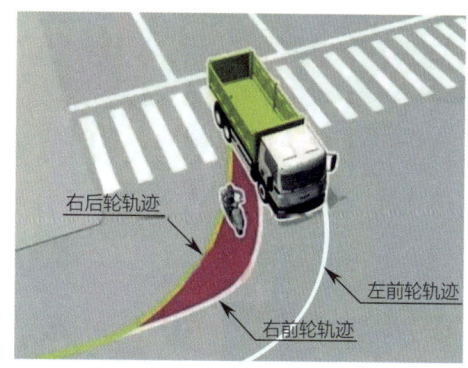

图1 右转机动车内轮差示意图

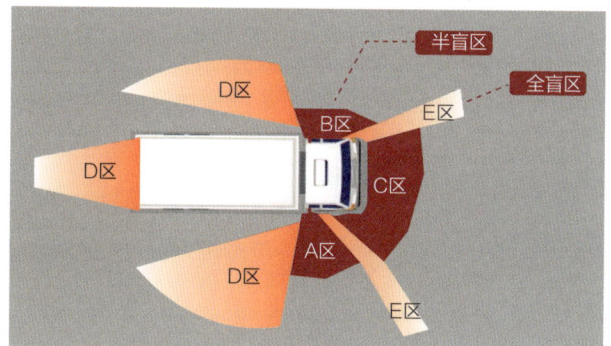

图2 大型车辆视线盲区示意图

大型车辆因轴距、轮距较大，在转弯行驶时存在较大内轮差，此外由于大型车辆右后侧为驾驶人视线盲区，右转时不易发现右后侧交通情况，因此右转时存在与直行方向的非机动车、行人发生事故的安全风险，又因大型车辆自身质量较重，发生交通事故时容易致伤致死，所以人们形象地称大型车辆的内轮差覆盖区域为"死亡弯月"。

根据调研分析，此类交通事故的事发地点，大多存在共性问题：

1. 右转机动车视距不足

右转的机动车视距较差，存在视线盲区，无法及时发现车后方直行的非机动车和行人。

2. 右转车辆车速快、转弯半径较大

在未设置机非分隔带的进口道，右转车辆多数存在侵占非机动车道空间进行右转的情况，该处侵占的空间即为事故易发点。

3. 非机动车和行人交通安全意识薄弱

直行的非机动车和行人在通过交叉口时，由于其直行方向信号灯为绿灯，多数非机动车驾驶人和行人并不能意识到其与身边右转弯车辆的交织冲突，对交叉口存在的安全隐患防备意识不足。

优化思路

➢ 提醒右转车辆避开该区域内谨慎慢行，注意直行非机动车和行人，保障双方行车安全。
➢ 提醒非机动车驾驶人与行人通过路口时，在遵守交通信号灯指示的同时，注意大型车辆右转内轮差的覆盖区域，避免自身受到内轮差的伤害。

按照上述思路，制定具体实施措施，选择内轮差事故多发路口及大型车辆集中的路口进行试点。

优化措施

1. 内轮差宽度取值

根据汽车运动学原理，在同等条件下，车辆轮距越大，内轮差越大；轴距越大，内轮差越大；最小转弯半径越小，即转弯时打方向盘打得越多，内轮差越大。根据对相关文献的查阅，车辆的内轮差值见表1：

表1　不同类型车辆的内轮差值

车辆类型	最大内轮差 /m
小型	0.6~1.0
中型	0.9~1.5
大型	1.5~2.3

2. 右转危险区施划方式

右转危险区的标识范围为交叉口右转弯机动车内轮差范围，由两条四分之一圆曲线组成，分别代表大型车辆内轮、外轮行驶轨迹，中间最大宽度取值2m，基本达到交叉口大型车辆右转内轮差最大值。

标识材料采用抗滑彩色路面，根据交叉口特点，一般采用黄色路面作为警示的右转危险区进行标识，在货运交通十分密集的路口采用红色路面进行标识（图3、图4）。

图3　交叉口黄色路面标示的右转危险区示例

图4　交叉口红色路面标示的右转危险区示例

3. 右转危险区的施划方法

右转危险区的施划方法根据交叉口进出口车道机非分隔形式不同，分为线段式和端点式两种。右转危险区标线同时覆盖了人行横道标线，目的是保证危险区标识的连续性，对横过交叉口的行人加强警示（图5、图6）。

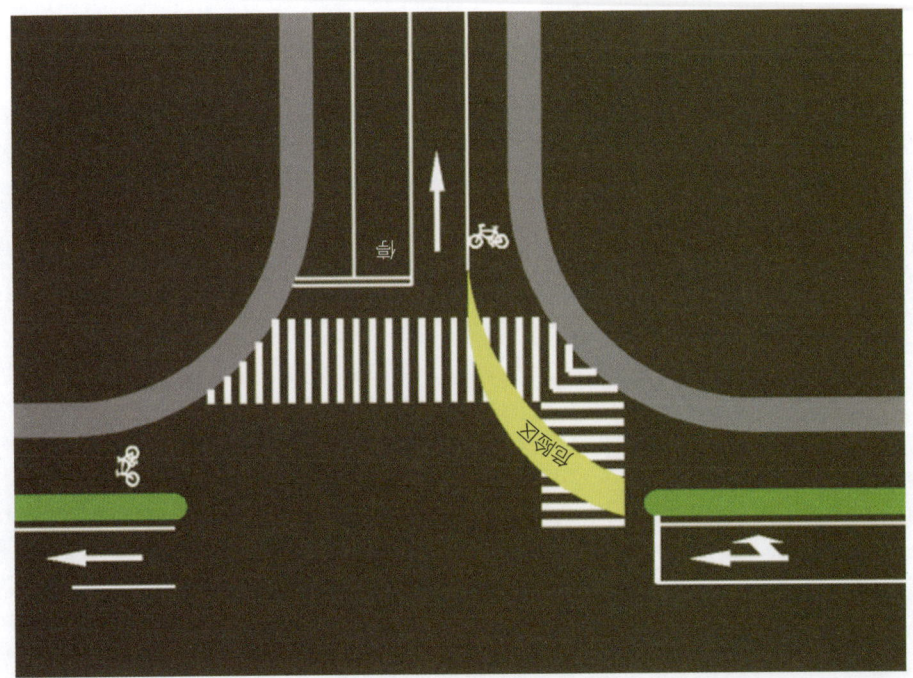

图5 线段式右转危险区标线示意图

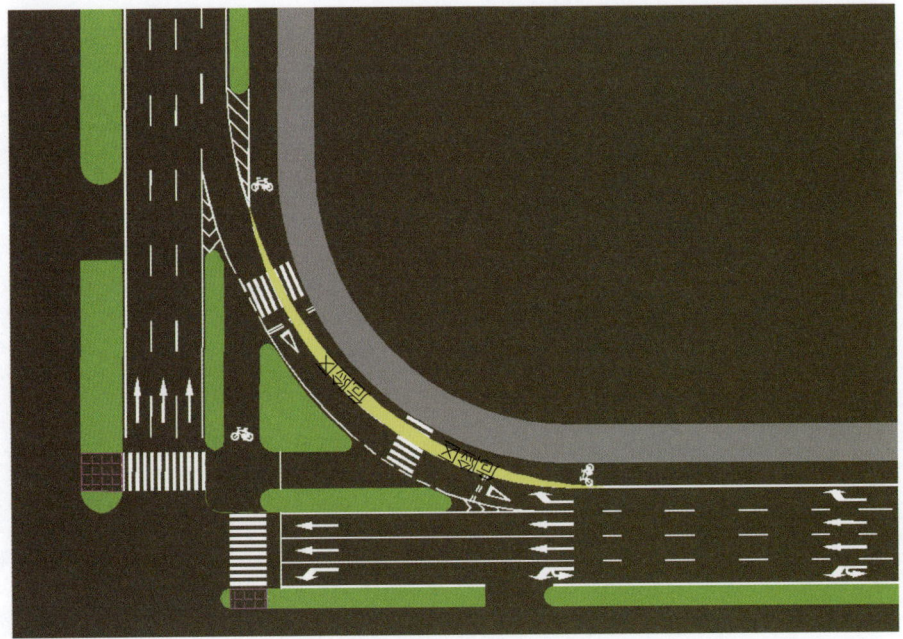

图6 端点式右转危险区标线示意图

实施效果

目前,无锡市已在梁清路－鸿桥路交叉口(图7)、建筑路－鸿桥路交叉口(图8)、青祁路－梁清路交叉口(图9)、五湖大道－大通路交叉口、钱荣路－钱胡路交叉口等大型车辆交通量比较大的20余处路口实施了右转弯危险区设置。

图7 梁清路－鸿桥路交叉口右转危险区

1. 总体情况

实施以来,路口未发生一起因车辆右转未让行慢行交通导致的交通事故。

2. 路口右转车辆遵守遵守情况

选取建筑路－鸿桥路交叉口、青祁路－梁清路交叉口两个路口,观察时间为2020年8月6日周四早高峰7:30—8:00,观察右转车辆通过"右转危险区"的交通情况。观察统计结果见表2和表3。

图8 建筑路－鸿桥路交叉口运行状况

表2　建筑路－鸿桥路交叉口右转车辆遵守率

通行方式	数量/辆	比例
右转车辆未侵入"右转危险区"	136	88.9%
右转车辆侵入"右转危险区"	17	11.1%
总量	153	100%

图9　青祁路－梁清路交叉口运行状况

表3　青祁路－梁清路交叉口右转车辆遵守率

通行方式	数量/辆	比例
右转车辆未侵入"右转危险区"	212	92.2%
右转车辆侵入"右转危险区"	18	7.8%
总量	230	100%

案例点评

本案例在分析大型车辆右转内轮差的基础上，通过施划右转危险区，利用彩色路面从视觉上警示机动车驾驶人右转时避开危险区，同时警示非机动车驾驶人和行人不要进入危险区，以保证自身的安全。措施实施后，总体来看：右转车辆基本沿危险区外轮廓轨迹行驶，非机动车驾驶人和行人能自觉在危险区外停车等待，双方遵守率都较高，交叉口安全性大大提高。

目前"右转弯危险区"已在无锡、苏州等多地实施，但由于其尚未纳入相关标准，不具有法律效力，仅作为提醒。下一步可结合各地使用情况，总结应用经验，完善相关安全设施设置，如在危险区外围边缘线上设置柔性警示桩，进一步提醒机动车驾驶人注意避让。

"右转弯危险区"的设置是从提示、警示的角度提升城市交叉口交通安全性，同时也需要所有交通参与者养成良好的通行习惯：一方面，大型车辆右转通行时，要尽量降低车速、避开右转弯危险区，同时也要仔细观察车辆右侧后方的交通情况，确保在没有行人和非机动车的前提下安全通行；另一方面，行人和非机动车在路口等候的时候，尽量远离右转弯危险区，确保自身与右转机动车保持一定的安全距离。

非机动车路口等候区设置

案例简介

路口非机动车等候区设置，对于规范路口通行秩序、保证通行效率至关重要。本案例针对非机动车停车空间不足、通行秩序混乱、安全隐患突出等问题，给出了渠化岛式、专用导向车道式、蓄水池式三类非机动车等候区设置方式和适用条件，可为非机动车过街通行组织提供参考。

应用背景

由于过往城市规划、建设和管理只注重机动车，忽视了慢行交通，容易产生非机动车路口通行权及通行方式不明确的问题，具体表现为"到达路口不知道该停在哪""不知道什么时候可以走""不明确该朝哪个方向走"等。因此，规范和明确非机动车等候区设置，就显得十分必要。

长沙市发布地方技术规范《长沙市非机动车交通组织设计指南》，进一步明确非机动车三类重点标线设置要求，精细化非机动车交通组织设计。

1. 白色非机动车组合箭头

用于指示非机动车行驶方向，一般设置在非机动车道起止端，有利于进一步明确非机动车通行空间（图1）。

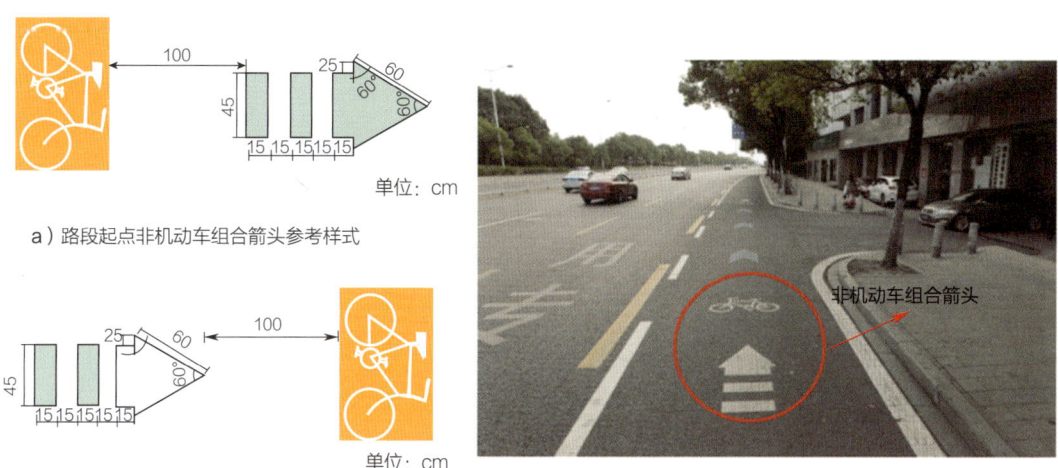

图1　白色非机动车组合箭头应用

2. 蓝色非机动车导流线

用于指示非机动车行驶路径,一般设置在路口和机非混行路段,用于非机动车通行路径引导(图2)。

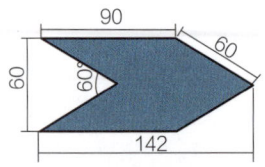

a)非机动车导流线参考样式

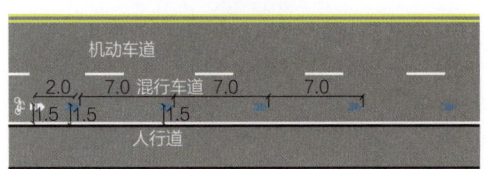

b)机非混行道路非机动车组合箭头和导流标线设置位置参考

注:白色方向箭头和蓝色导流箭头距离道路边线1.5m。第一组导流标线据白色方向指引箭头2m设置。一般路段按7m间距设置,急弯、陡坡、公交车、停车位、路口等处按3m间距设置。

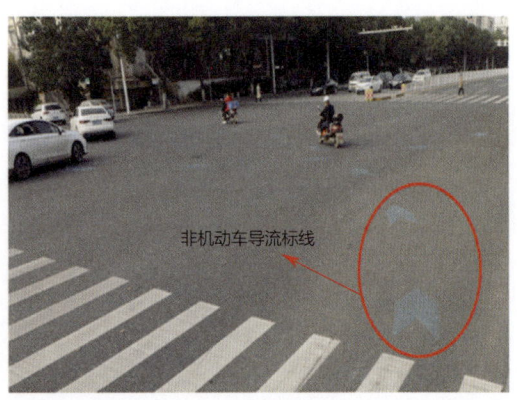

图2 蓝色非机动车导流线应用

3. 红色非机动车彩铺

用于安全警示,一般设置在路口非机动车等候安全岛、导向车道和路段非机动车专用道(图3)。

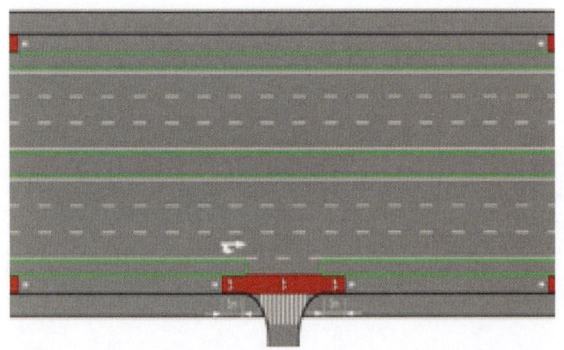

图3 红色非机动车彩铺应用

案例一 渠化岛式等候区

该方式采用非机动车左转一次过街,即非机动车与行人均进入红色彩铺渠化岛等候过街,左转非机动车跟随左转机动车信号灯通行,需配套设置非机动车停车等候区地面标线。

路口现状

人民路－蔡锷路路口位于长沙市五一商圈中心区域，行人和非机动车流量非常大，路口右转车道和非机动车等候区域未做精细化设计，右转车道过宽而非机动车等候区域过小，造成路口非机动车通行及停车等候秩序较为混乱（图4、图5）。

图4　人民路－蔡锷路路口现状

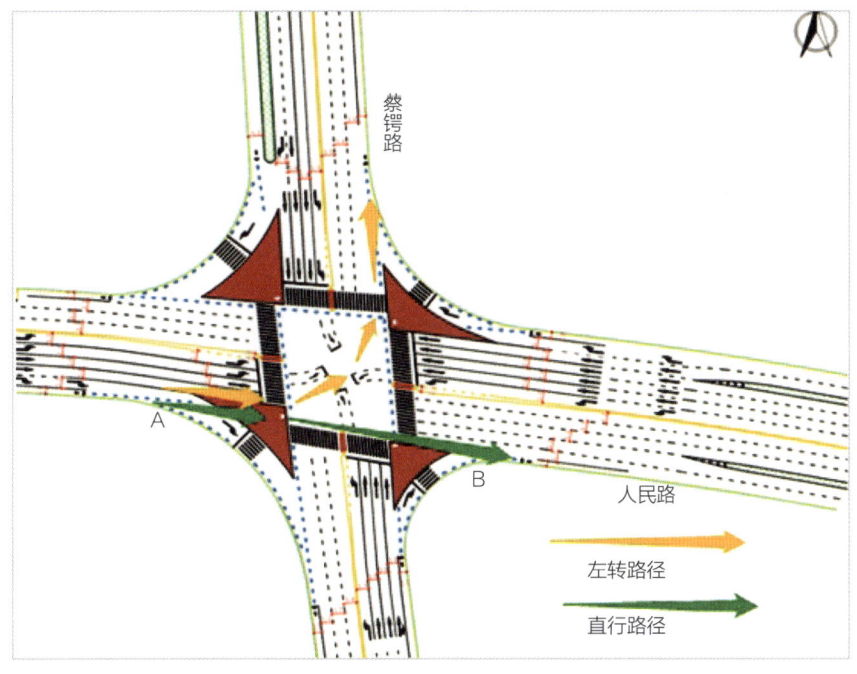

图5　人民路－蔡锷路交叉口渠化图及非机动车通行路径示意

优化措施

1. 右转弯车道宽度统一设置为 5~6m，在规范右转弯机动车行车轨迹的同时，进一步扩大非机动车和行人等候区域，对应图 6 中的①。

2. 通过设置红色彩铺渠化岛进一步保障慢行交通通行安全，并设置非机动车地面标识，用于区分渠化岛行人和非机动车等候区域，对应图 6 中的②。

3. 渠化岛采用"错位式"设置，即出口渠化岛外边线退让进口渠化岛外边线 3m。比如，西进口直行非机动车放行时，为避免与东南角渠化岛等待车辆相互影响，出口渠化岛外边线采用"退让"设计，保证非机动车行驶轨迹顺畅且在出口处有 3m 以上的通行空间，对应图 6 中的③。

4. 在路口范围内，通过连续的蓝色非机动车导流线，进一步明确路口非机动车通行路径，给予非机动车连续指引，为非机动车左转、直行、右转以及上渠化岛通行提供明确且唯一的信息，对应图 6 中的④。

图 6　人民路－蔡锷路路口优化方案

案例二　专用导向车道式等候区

该方式非机动车不进入渠化岛进行等候，在直行机动车道外侧设置非机动车专用导向车道（一般区分左转和直行）。

路口现状

黄兴路-营盘路路口是长沙一个交通流量较小的路口，但由于路口渠化不合理，特别是采取非机动车左转二次过街设计，不符合该路口的实际交通状况，造成路口通行效率低下（图7）。

图7 黄兴路-营盘路路口现状

优化措施

1. 四个方向设置渠化岛，供行人通行，将路口停车线前移，进一步压缩路口范围，南北向停车线之间距离缩短20m以上，路口通行效率大幅提高；且将机非冲突点提前，避免左转、直行非机动车放行时与右转机动车发生冲突，提升安全性，对应图8中的①。

2. 在路口设置非机动车专用直行和左转导向车道，导向车道宽度各2m，并通过设置4~6m长的红色彩铺，进一步保障非机动车路权，对应图8中的②。

3. 通过增设蓝色非机动车导流线，进一步明确了非机动车在路口的通行路径，对应图8中的③。

4. 压缩原有导向车道宽度，按照3~3.25m布置，并适当偏移中心双黄线，西进口增设1条直行导向车道，对应图8中的④。

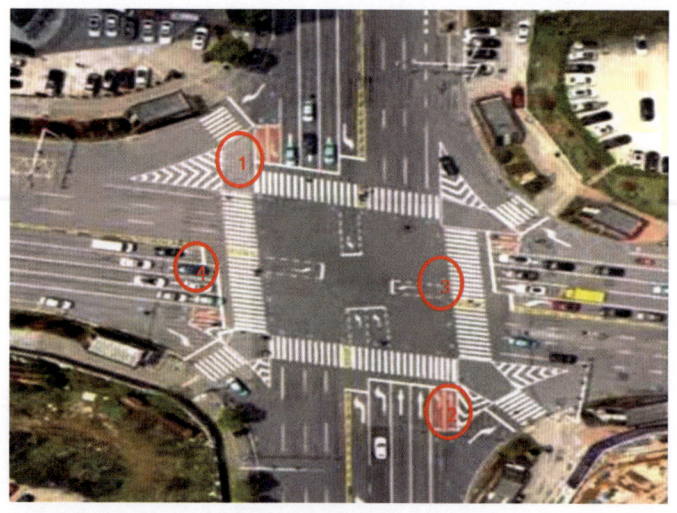

图 8 黄兴路－营盘路路口优化方案

案例三 蓄水池式等候区

该方式非机动车不进入渠化岛，而是在进口设置非机动车蓄水池式等候区，供非机动车在该区域内等候通行。

路口现状

芙蓉路－劳动路路口为长沙中心城区交通性干道相交路口，交通压力较大，但路口右转车道和非机动车等候区域未做精细化设计，右转车道过宽造成机动车和行人冲突较大，非机动车流量大且缺少必要的渠化，造成通行秩序混乱（图9）。

图 9 芙蓉路－劳动路路口现状

优化措施

1. 通过精细交通组织，四个方向设置渠化岛，供行人通行，并压缩右转车道宽度，统一设置为 6m，减少右转车辆与行人之间冲突，对应图 10 中的①。

2. 在路口设置非机动车专用直行和左转导向车道，导向车道宽度 2m，并通过设置 6m 长红色彩铺，进一步保障非机动车路权，对应图 10 中的②。

3. 由于路口非机动车流量较大，且东西进口信控采用单口放行方式，在东西进口人行横道前增设蓄水池式非机动车待行区，进一步满足非机动车通行需求，对应图 10 中的③。

4. 设置非机动车专用信号灯，置于高架桥墩适当位置，较机动车提前 5s 放行，先清空蓄水池式等候区等待的大量非机动车，进一步减少机非干扰，提高路口通行效率，如图 10 中的④。

5. 通过增设蓝色非机动车导流线，进一步明确了非机动车在路口的通行路径，对应图 10 中的⑤。

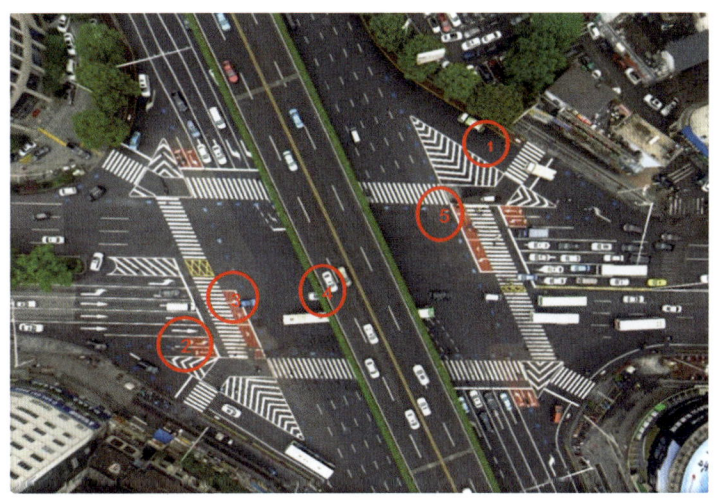

图 10　芙蓉路－劳动路路口优化后

案例点评

案例根据路口特点及非机动车等候形式差异，梳理了三类路口非机动车交通组织方式，重点明确了非机动车在路口的等候空间、通行路径、左转路权和精细管控等问题。

实际借鉴应用时，尤其需注重通过铺装彩色路面、施划非机动车导流线、完善进口道的机非隔离设施等精细化设计，进一步明确非机动车在路口的等候空间、通行路径，解决好"哪里停、怎么走"的问题。

三类路口非机动车交通组织方式存在一定的共性和差异，因而需积极贯彻"因地制宜"的理念，同一种交通组织方式在不同路口应有差异性的体现。例如：渠化岛式等候区适用于占地面积较大且非机动车流量适中的路口；专用导向车道式等候区适用于非机动车道较宽的路口；蓄水池式等候区适用于非机动车道等候空间不足且路口内有一定的富余空间的路口。

路口慢行交通安全一体化提升

案例简介

路口慢行交通安全保障与便捷通行，是交通管理部门关注的重点，也是创建文明城市的着力点。本案例针对大型路口慢行等候区事故频发、行人过街困难、非机动车左转引发秩序混乱等突出问题，综合采用等候区隐患治理、合理施划安全岛、缩短过街距离以及左转非机动车二次过街等方式优化路口时空资源，提升慢行交通安全。

现状问题及分析

宁波市中心城区中兴路－百丈路路口面积大、流量饱和，采用常规非机动车跟随机动车左转通行模式造成行人过街困难、非机动车过街冲突严重、整体通行秩序混乱，路口转角区内隐患突出，机动车通行效率受限（图1）。

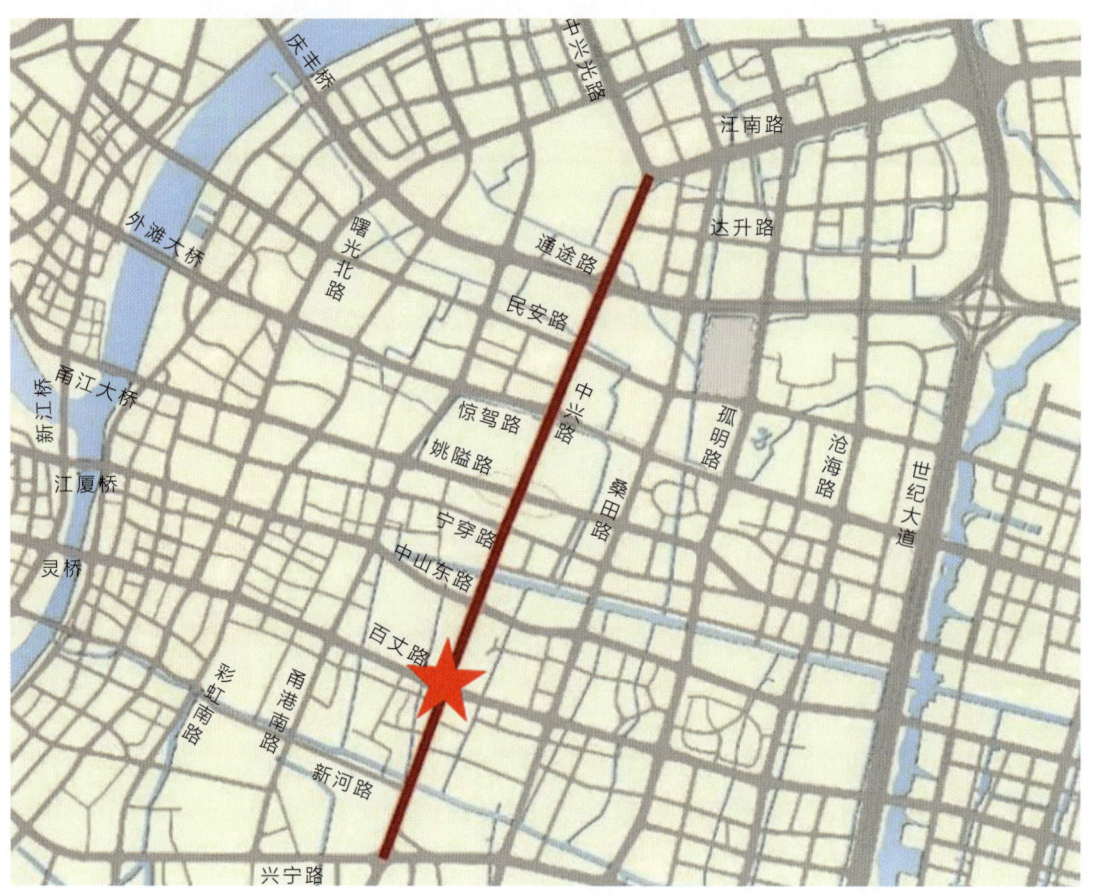

图 1　中兴路及中兴路－百丈路路口区位图

1. 路口饱和度较高

中兴路－百丈路路口为主主相交路口，其中中兴路路段为"双向5车道（主线）+4车道（两侧辅道）"，至路口为"6进口道，4出口道"，百丈路路段为双向4车道，至路口为"5进口道，2~3出口道"，路口规模较大，高峰小时流量达到6216pcu/h，饱和度高达0.85，路口延误较高，高峰运行拥堵严重（图2）。

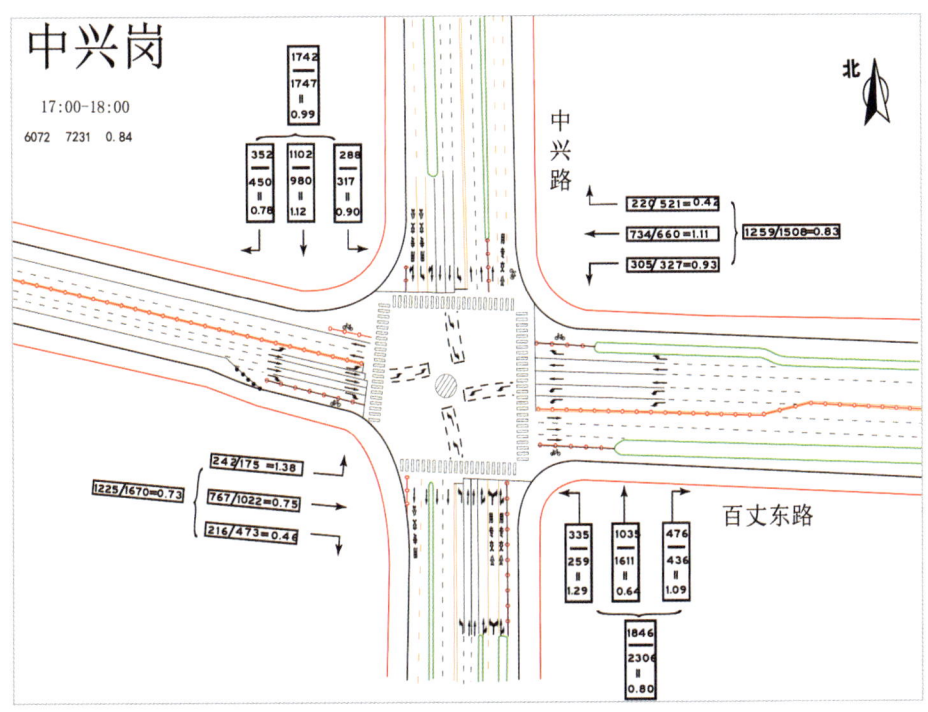

（注：中兴路主辅道采用车流方向分离的模式，故主道禁止右转）

图2 中兴路－百丈路路口改善前渠化设计图

2. 行人过街困难

路口行人过街距离为55~65m，中央无二次过街安全等候设施，按照行人过街速度1.2m/s计算，过街时间需要约50s，过街安全难以保障（图3）。

图3 路口行人过街距离长

3. 非机动车左转过街存在安全隐患

非机动车按照机动车左转相位通行，由于非机动车数量较多且车流存在膨胀效应，占用较大通行空间，且与本向及对向左转机动车存在交织冲突，导致左转非机动车过街安全隐患突出，机动车左转通行效率难以提升（图4）。

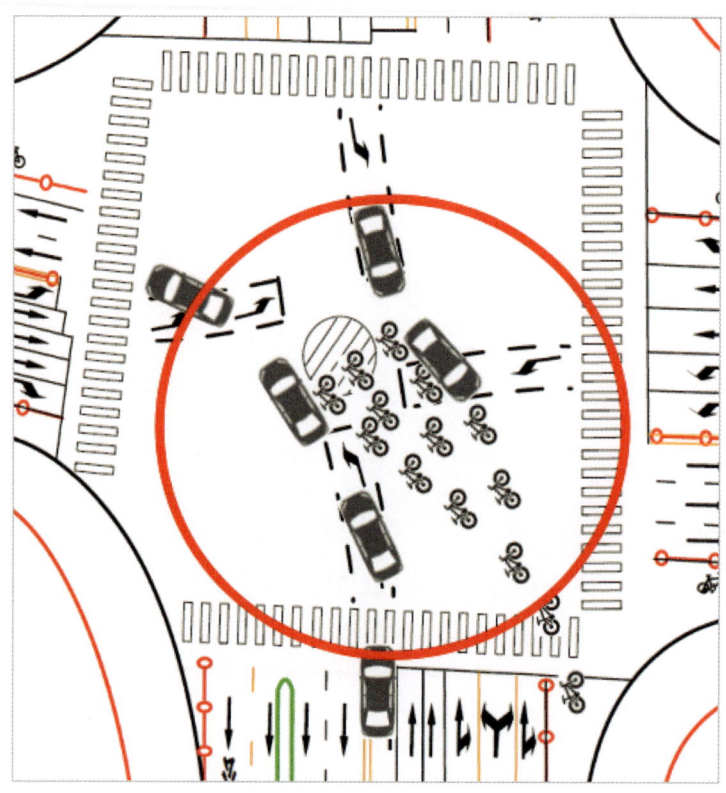

图 4 非机动车左转过街交织冲突示意图

4. 路口转角区秩序混乱、事故多发

路口转角区存在较大的模糊空间，违停现象相对严重。右转机动车转弯半径较大、车速快，且大型车辆右转存在内轮差，易碾压转角区内等候的行人及非机动车。

5. 信号优化存在瓶颈约束

因行人、非机动车过街需求限制，致使路口相位配置不够灵活，道路整体信号调控方案难以实施。

> **优化思路**

➤ 实行非机动车左转跟随行人二次过街，实现路口区域内慢行交通与机动车通行空间分离。
➤ 采取必要的工程措施缩小右转半径，降低行驶车速，消除转角区内机动车碾压事故隐患。
➤ 缩短行人过街距离，增大慢行等候区域，提升慢行交通过街品质。

➢ 警力及设施同步投入，强化交通管理保障，引导慢行交通有序过街。

优化措施

1. 调整慢行交通过街方式

采用行人与非机动车左转二次过街的形式，实现路口区域内的慢行交通等候区、慢行交通过街区与机动车通行区空间分离（图5）。

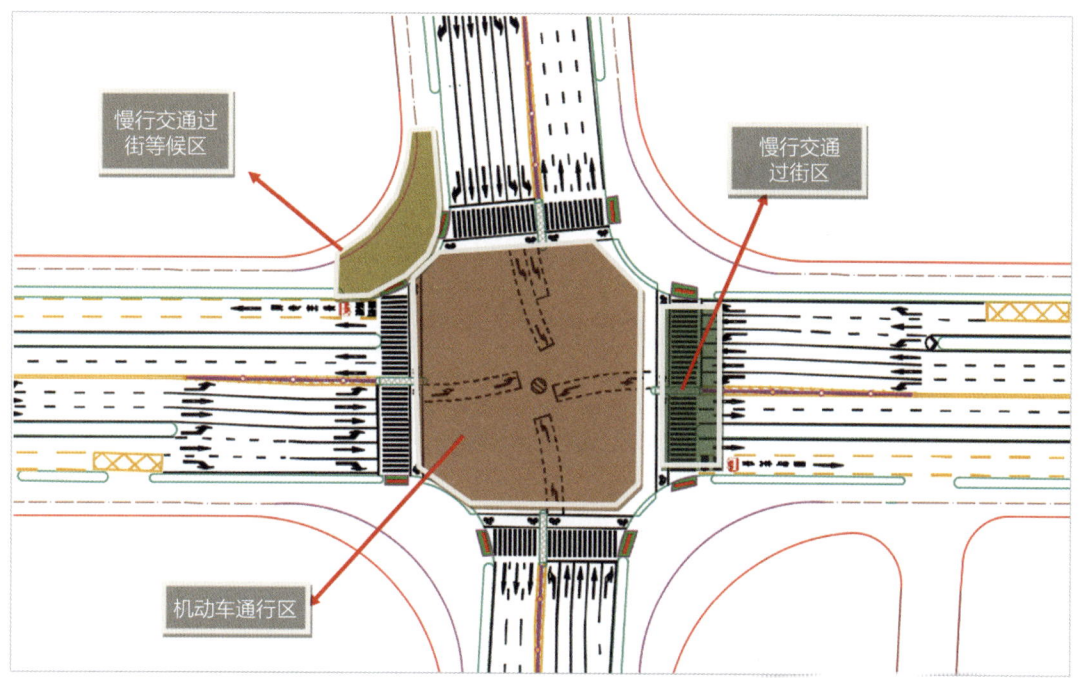

图 5　路口空间分离模式

2. 优化慢行交通等候区

1）连接路口非机动车道外缘线，缩小路缘石半径至15m，以缩小右转机动车转弯半径使其减速，等候区圆曲线需采用石墩、交通柱等方式将路口转角区与机动车通行区物理分隔，辅以线形诱导标引导非机动车通行（图6）。

2）人行道边缘圆曲线半径在满足人行道宽度的前提下，尽量取较大值，以扩大等候区整体面积，容纳更多的慢行交通，提升过街等待的舒适性，对应的道路侧石应降坡与等候区等高（图7）。

3）隔离设施带延伸至路口，规范非机动车行驶轨迹，配合非机动车禁止左转标志、二次过街告示标志对非机动车二次过街进行引导和管制（图8、图9）。

4）等候区整体使用彩色涂装或彩色沥青，可配套施划"等候区"文字，将路口慢行交通等待空间进行分离。

图 6　缩小路缘石半径

图 7　扩大慢行交通等候区面积

图 8　非机动车禁止左转标志

图 9　非机动车二次过街告示标志

3. 改善慢行交通过街区

1）设置宽度为 8.5m 的慢行交通过街通道，分布为"5m 人行道 +0.5m 间隔 +3m 非机动车道"，满足慢行交通过街需求，配套设置非机动车信号灯（图 10）。

2）行人一次过街距离 ≥ 16m 时，设置行人二次过街安全岛（图 11）。

图 10　慢行交通过街通道　　　　　　　图 11　设置行人二次过街安全岛

3）采用黄色虚线标识路口非机动车禁行区。

4. 明确机动车通行轨迹

路口剩余区域即机动车通行空间，通过合理设置左转弯待转区、路口导向线、中心圈等，简化常规路口混乱的交通组织，降低路口内不同交通流的交织冲突。

实施效果

通过实施初期路面民警积极引导，非机动车驾驶人逐渐适应，方案取得了以下积极成效（图 12）：

1. 右转机动车碾压事故大幅减少

优化后，大型车辆右转空间与慢行交通等候区实现了物理分离，有效防止了因内外轮差导致的交通安全事故。

2. 行人过街效率及安全性明显提升

行人等候区延伸至原非机动车道，过街距离缩短至 30m，过街时间缩短 25s。

3. 有力化解了左转机非冲突

通过引导非机动车左转二次过街，避免了与对向左转机动车交织冲突，由此提升左转机动车通行效率。

图 12　路口实施效果图

4. 为道路信号优化创造条件

路口相位不受行人及非机动车干扰，可更灵活配置相位方案，较易实现路口间的双向绿波控制。

5. 路口通行秩序更加规范

通过扩大慢行交通等候区范围，避免了非机动车及行人越线等候及闯红灯现象，有效减少了路口内违法停车现象。

案例点评

本案例通过明确慢行交通等候区、慢行交通过街区，通过左转二次过街的方式，分离机动车通行空间，有效解决了行人过街困难、非机动车左转冲突严重、转角区内事故隐患、机动车通行效率受限、通行秩序混乱等问题。

左转非机动车二次过街通行方式可以有效消除左转机非干扰，提高路口机动车通行效率，规避交通安全隐患，但非机动车过街距离由此增加，过街便捷性在一定程度上会有所下降。同时，该种通行方式对于路口内部非机动车左转等候空间提出一定要求，在非机动车流量较大的情况下，可通过增加慢行交通过街通道宽度或扩大人行道边缘圆曲线半径等方式增加待行区面积，提高路口交通整体通行效率。

典型过饱和路口路段交通优化

核心商圈关键路口精细化组织

绿波协调缓解排队溢出问题

关键路口周边"微片区"联动控制

大流量环岛的灯控设计

核心商圈关键路口精细化组织

案例简介

城市核心区商圈是城市主要的交通吸引、发生源，位于该区域的主干路相交路口，是出入城区交通必经的关键节点，各种方式交通流在此汇集、转换，交通拥堵问题尤为突出。本案例组合运用削减中央绿化带宽度、车道重新分配、右转机动车提前右转、周边道路单向通行等措施，缓解交叉口交通压力，提升通行效率。

现状问题及分析

南京市江宁区双龙大道－天元路交叉口位于南京市江宁区百家湖商圈的中心位置，为两条重要主干路相交路口，各向机动车流量大、排队长，慢行交通过街需求大，路口改造空间小，交通拥堵严重且夜间存在一定安全隐患（图1）。

图1 双龙大道－天元路交叉口区位图

双龙大道既是省道（S204），又是连接南京主城区和江宁区的快速路，是贯穿江宁城区的南北向重要交通主干路。天元西路西接机场高速互通，东接国道（G104），串联江宁高新区、百家湖商圈、东山老城区，是江宁区重要的东西向主干路。由于江宁区与南京主城区联系通道目前只有机场高速、双龙大道和宁杭高速三条道路，联系通道的不足造成大量江宁区内的进出城交通汇集在天元路和双龙大道上，两条道路均承担了大量通勤转换交通，并且双龙大道沿线汇聚各类生产企业，客货运交通混杂进一步加剧了道路通行压力。交叉口周边聚集了各类购物餐饮、休闲娱乐设施及多家高端酒店，购物休闲客流带来了大量的出行需求，导致双龙大道、天元路沿线地块出入交通密集，排队积压现象明显，交通难以疏解（图2）。

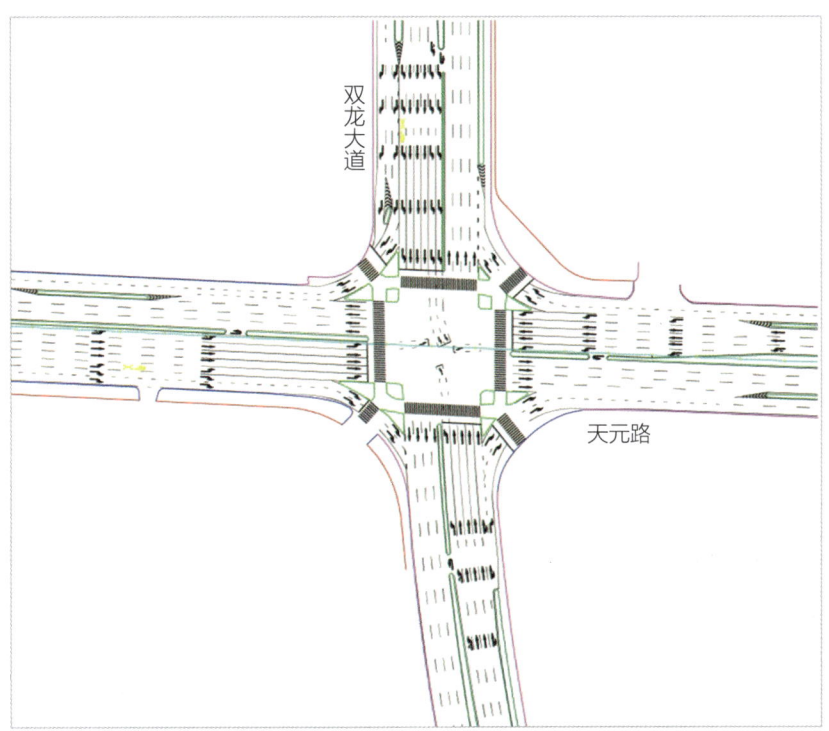

图2　改善前交叉口渠化图

现状主要问题如下:

1. 机动车流量大,早晚高峰拥堵严重,排队现象突出

双龙大道日均流量达 8.6 万辆,天元路日均流量达 6.5 万辆,交叉口晚高峰总交通量高达 9777pcu/h,高峰均处于饱和运行状态,路口单方向最长拥堵达 1.1km,拥堵指数达 9.85。具体而言,交叉口北进口直行和左转、南进口的直行和左转以及西进口直行车流量大,服务水平均为 F 级,处于超饱和运行状态(图3、图4)。

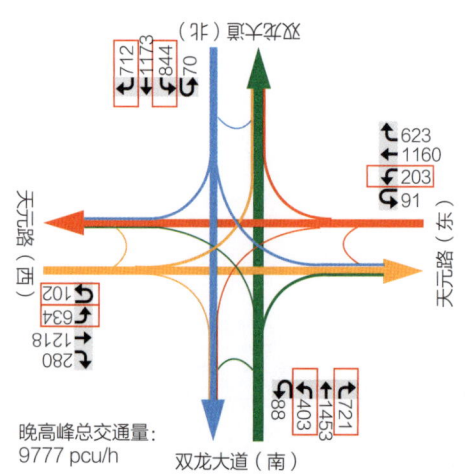

进口道	转向	流量/(pcu/h)	饱和度	服务水平
东	左转	203	0.40	B
	直行	1160	0.95	E
	右转	623	0.45	B
西	左转	634	0.83	D
	直行	1218	0.99	F
	右转	280	0.20	A
南	左转	403	0.98	F
	直行	1453	1.01	F
	右转	721	0.52	C
北	左转	844	0.99	F
	直行	1173	0.97	F
	右转	712	0.51	C

图 3　双龙大道－天元路交叉口交通流量、饱和度及服务水平

图 4　双龙大道－天元路交叉口东西进口车辆排队情况

2. 行人和非机动车过街流量大,交叉口慢行空间不足

由于交叉口组织左转非机动车二次过街,现状 5m 宽的人行横道同时服务双向通行的非机动车和行人,高峰时段过街非机动车与行人通行空间不足,互相干扰,秩序紊乱,且四个实体渠化岛面积过小,无法容纳等待过街的慢行交通量(图 5)。

图 5　慢行交通通行空间不足

3. 出口车流交织严重

交叉口西出口段由于掉头车辆多，进入北侧商业的车流与右转弯车流交织冲突明显（图6）。

图 6　西出口段车流交织情况

优化思路

本次优化主要从交叉口拥堵治理、提升通行效率和改善慢行过街舒适度、安全性以及提升交叉口整体形象、景观效果等方面开展系统性改造工作。

➤ 合理增设调整车道、完善待行区设置、优化右转车辆通行路径，做到"寸土必争、分秒必争"，提升交叉口各方向机动车通行能力。

➤ 对临近交叉口有条件的道路实施单向交通组织，强化对双龙大道-天元路交叉口的交通分流作用，缓解路口交通压力。

➤ 增加慢行过街通道宽度并分离行人与非机动车，扩大渠化岛面积，给慢行交通提供充足的通行及等待空间，改善慢行过街的舒适度和安全性。
➤ 强化周边地区交通诱导和智能化管理设施，规范停车秩序。

优化措施

1. 增设车道数，提高通行能力

分别去除南进口中分带、压缩西进口中分带，拓展交叉口进口道空间，为机动车通行能力提升创造条件。西进口侧分带缩减 80m，恢复为机动车道，使得路口排队等待车辆由 90 辆增加到 230 辆，提升了 2.56 倍。

结合中央分隔带调整，分别将路口东、南、西进口车道宽度进行适当压缩，由 3.5m 调整为 3m，分别增设 1 个直行车道、1 个左转车道，提升压力较大的南、西进口的直行和左转车道通行能力（图 7）。

图 7 中央分隔带及车行道宽度调整

2. 组织右转车辆提前借用辅道通行

在路口西、北向增设交通引导标志和右转指示标志，并增设实线变道电子抓拍设备，组织右转车辆提前借用辅道通行，减少车辆互相干扰，缓解主道交通压力，提高辅道使用率和右转通行效率（图8）。

3. 设置直行待行区

在交叉口增设直行待行区，增加直行等待车辆候车空间，提升直行通行能力。改造后一个信号灯周期直行通过车辆增加了 50 辆，通行效率提高了 10%（图9）。

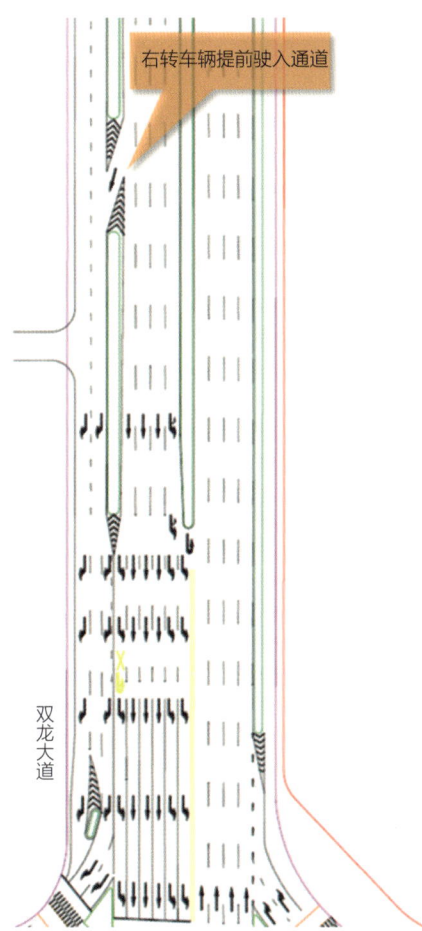

图8 右转车辆提前借辅道通行

图9 直行待行区地面标线及提示屏

4. 临近道路实施单向交通组织

庄排路及佳湖东路设置为单行线，在天元西路西侧增设进入佳湖东路单行线的入口，取消侧分带，提前分流车辆（图10）。

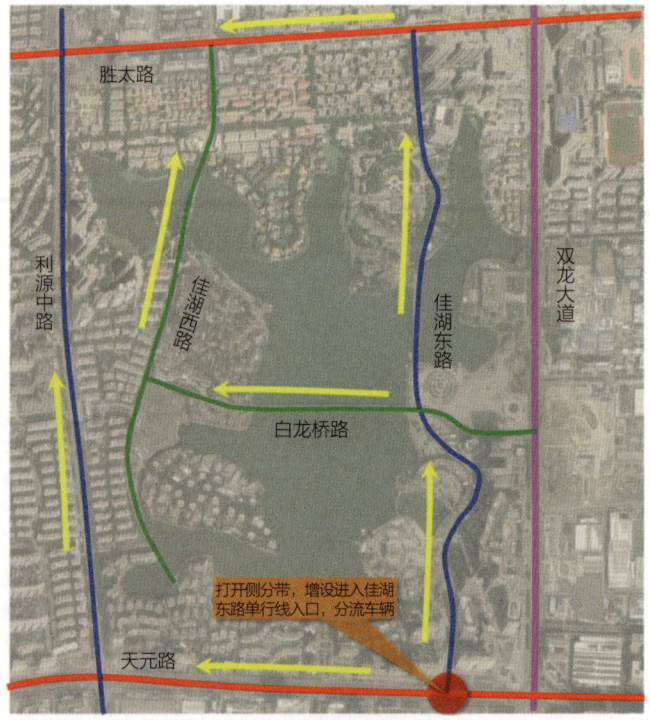

图 10　单行微循环方案

5. 分离行人和非机动车过街通道

针对交叉口现状人行横道线较窄、过街流量较大的矛盾，将原 5m 的人行横道拓宽至 8m，其中包括 4m 人行道和 4m 非机动车道，人行道采用"2m+2m"上下行形式设计，区分行人流向，并采用不同颜色和样式进行涂装，明确非机动车的通行路权，在提升慢行交通过街通行能力的同时，引导行人和非机动车各行其道，减少人车交织（图 11）。

图 11　行人和非机动车路权分离

6. 提升慢行过街安全舒适体验

将原有交叉口四个方向渠化岛 380m² 慢行等待区扩大至 500m²，面积提升了近 32%，提高排队等待的行人和非机动车容量，提升一次过街通行能力和等待舒适度（图 12）。

图 12　渠化岛慢行交通等待有序

在路口人行横道外轮廓和机动车道停止线设置地面发光模块，打造全路口发光人行横道线，不仅夜间起到良好的美化效果，更能通过醒目的灯光提示过街行人，减少交通意外事故发生（图 13）。

图 13　白天及夜间发光人行横道线效果

7. 增设行人和非机动车违法自动抓拍设备和电子曝光屏

用于抓拍行人和非机动车闯红灯、逆向行驶等交通违法行为，及时将违法行为人的违法行为、违法时点、地点、个人身份信息在大型电子屏上予以曝光，达到处罚一个、教育一片的执法目的，让交通参与者羞于违法、不敢违法、不愿违法，并将逐步建立守信联合激励和失信联合惩戒机制，推进文明交通征信体系建设（图 14）。

图 14　电子曝光屏

实施效果

通过上述改造措施，目前双龙大道－天元路交叉口早晚高峰时段各方向转向车道的服务水均有所提升，基本消除严重拥堵的现象，交通运行处于基本畅通状态，交通通行效率和安全大大提升（图 15、图 16 和表 1）。

图 15　改造后交叉口（白天）

图 16　改造后交叉口（夜间）

表 1　交叉口改造前后饱和度对比表

进口道	转向	流量/(pcu/h)	饱和度（改造前）	服务水平（改造前）	饱和度（改造后）	服务水平（改造后）
东	左转	203	0.40	R	0.25	A
	直行	1160	0.95	E	0.84	D
	右转	623	0.45	B	0.39	B
西	左转	634	0.83	D	0.72	D
	直行	1218	0.99	F	0.81	D
	右转	280	0.20	A	0.18	A
南	左转	403	0.98	F	0.82	D
	直行	1780	1.01	F	0.83	D
	右转	721	0.52	C	0.49	B
北	左转	844	0.99	F	0.83	D
	直行	1602	0.97	F	0.82	D
	右转	712	0.51	C	0.49	B

案例点评

本案例针对城市核心商圈主干路交叉口交通拥堵严重、无法进行道路基础设施改造的情况，通过组合运用挖潜、控流、快慢分离等措施，改善交叉口通行状况，提升慢行交通安全性和舒适度。

案例中道路宽度达到了双向 10 车道，行人单次过街距离过长，很难完成一次过街。应在各个方向设置足够宽度的行人二次过街安全岛，保障行人通行安全。案例中的"发光人行横道线"目前在国内多个城市有所应用，虽然有较强的警示作用，但由于缺乏相关的设置标准规范，建议慎用。

从本案例来看，对于拥堵严重的大型路口，仍然要充分挖掘路口本身及周边道路的时空资源。一是在道路红线无法拓宽的情况下，可削减分隔带宽度扩大通行空间、保证通行安全的前提下压缩车行道、在较宽的辅道组织右转车辆提前借用辅道通行、设置待行区等多措并举，提升通行能力；二是在无法消减交通流量的情况下，可合理组织交叉口周边道路实施微循环交通，提前进行分流，削减通过本交叉口的交通总量。

绿波协调缓解排队溢出问题

案例简介

城市中心区道路交通存在道路密、路口间距小、流量大的特点。部分相邻路口，由于交通流量长期处于饱和状态，会导致进口车辆排队过长、出口不畅、车流回溢等问题。本案例通过采用配时方案优化设计、双向绿波协调控制、清除违法停车等措施，减少车流积压回溢现象，从而提升区域整体通行效率。

现状问题及分析

张家口至善街（展览馆）商圈，地处老城区（桥西区），是张家口市的老牌商业中心。该商圈位于明德路与解放桥两大重要交通主干线交汇处，大量人流车流交汇于此，相邻的新华街－明德路交叉口、长青路－至善街交叉口经常出现进口车辆排队过长、出口不畅、车流回溢等现象，高峰期交通拥堵情况尤为严重（图1）。

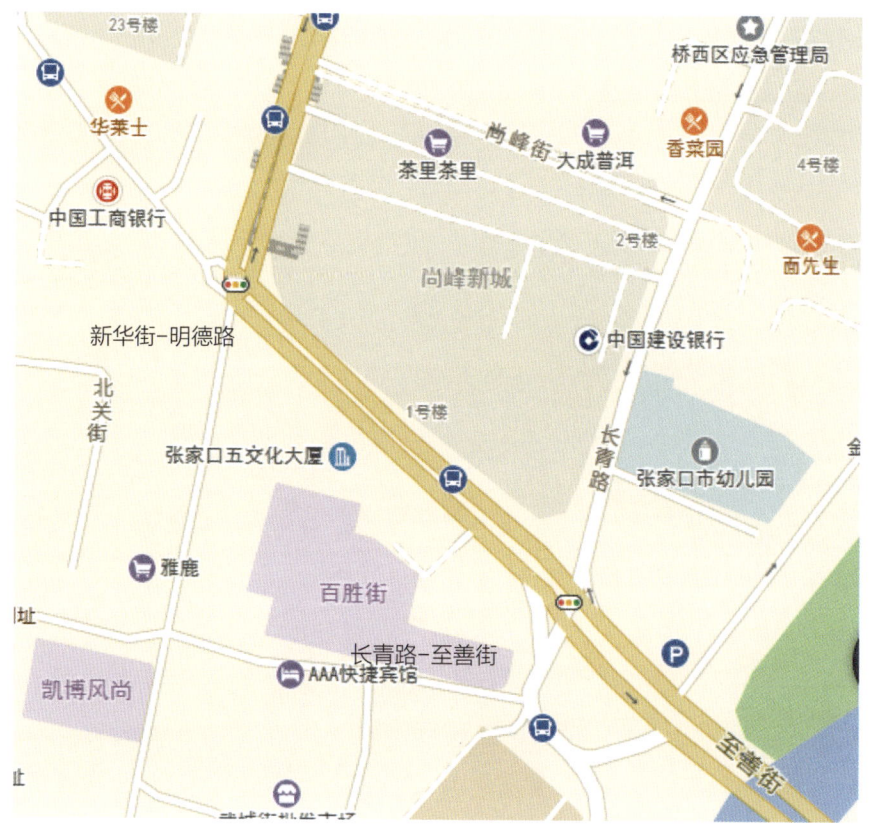

图1　长青路－至善街交叉口协调路段地理位置图

至善街全长 270m，沿途有 2 个信号灯控制交叉口，分别是新华街－明德路交叉口、长青路－至善街交叉口。优化前，2 个路口信号灯独立控制，路段整体通行效率较低。路段东西走向全天车流量较大，16:30—18:30 间车流量达到峰值。

现状主要问题如下：

1. 新华街－明德路交叉口：全天北进口左转车流大，东出口回溢

新华街－明德路交叉口全天各时段北进口左转车流均较大，出口消散较慢，且与相邻路口间未协调控制，导致东出口回溢，车辆被迫滞留，积压严重（图 2）。

图 2　新华街－明德路交叉口优化前排队情况

2. 长青路－至善街交叉口：东进口车辆排队溢出

长青路－至善街交叉口为连接桥西区与桥东区的重要路口，周边分布多条单行道路，车辆经解放桥绕行，导致交叉口东向西积压严重，东进口排队较长，回溢至上游解放桥，阴雨天情况尤为严重（图 3）。

图 3　长青路－至善街交叉口东进口优化前排队情况

优化思路

> 优化路口信号控制相位相序、精准配时，运用搭接相位及时清空路内车流，最大限度地提升通行效率。
> 针对实际道路范围分别设计双向绿波协调方案。
> 严管路边违法停车，消除对路段正常通行车流的影响。

优化措施

采用试验车跟车法及路段实地测量法，得到路段长度、旅行时间、红灯消散时间、总行程时间、停车次数等绿波协调基础数据（图4）。

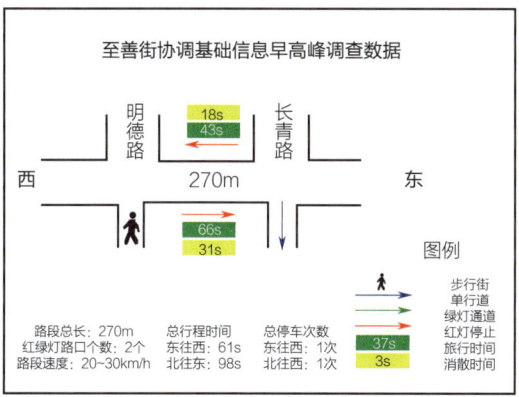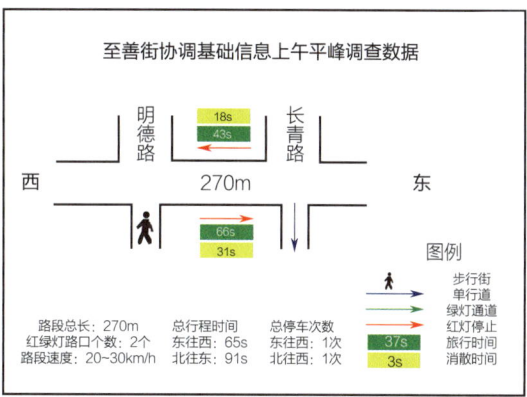
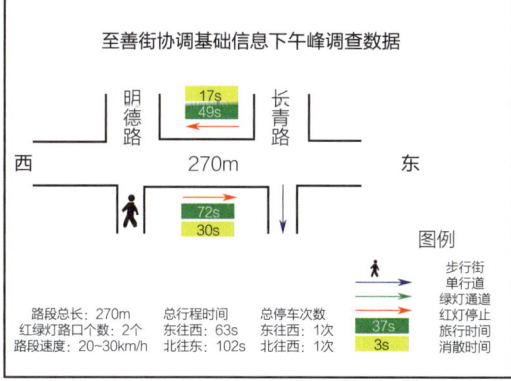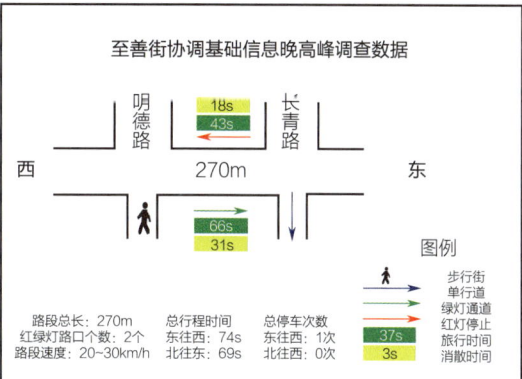

图 4　绿波协调基础信息调查数据图

1. 设置搭接相位，调整配时方案

针对新华街-明德路交叉口（图5）北进口左转汇入车流消散不及时、至善街-长青路交叉口（图6）东西主车流积压等情况，不同时段设置不同信号周期，并根据路口现状运行情况对绿信比进行调整，对进口流量不均衡的流向设置搭接相位，提高路口通行效率（图7）。

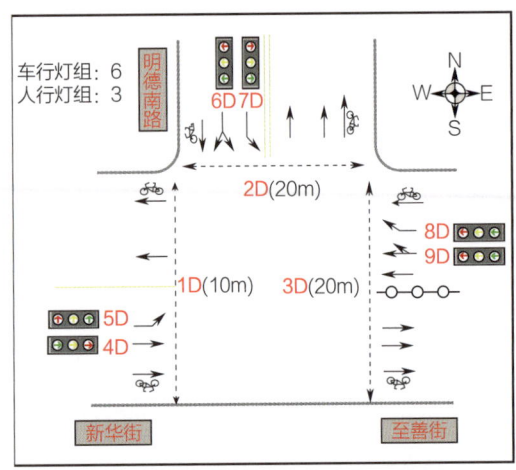
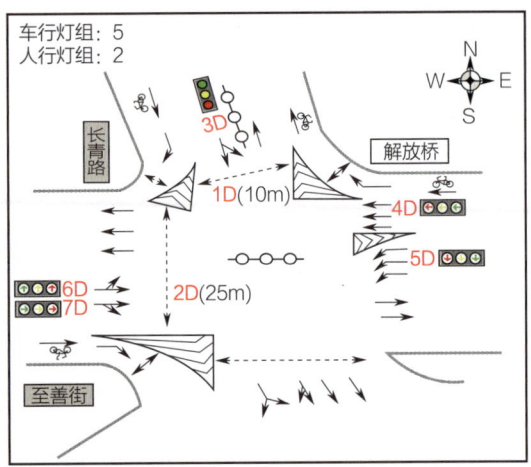

图 5　新华街－明德路交叉口基础信息图　　　图 6　至善街－长青路交叉口基础信息图

至善街至新华街绿路协调优化配时方案

序号	路口名称	时间起点	方案编号	控制方式	相序	相位 西向通行 A/s	相位 东西直行 B/s	相位 北向左转 C/s	周期/s	相位差/s	距离/m	设计速度/(km/h)
1	新华街-明德路	0:00—7:00	15	线控	A-B-C	32	32	51	115	10	270	30
		7:00—9:00				39	40	56	135	8	270	30
		9:00—13:00				39	40	56	135	8	270	30
		13:00—17:00				45	45	60	150	12	270	30
		17:00—19:30				39	40	56	135	10	270	30
		19:30—23:59				32	32	51	115	10	270	30

序号	路口名称	时间起点	方案编号	控制方式	相序	相位 东西直行 A/s	相位 东向通行 B/s	相位 南向通行 C/s	相位 西向通行 D/s	周期/s	相位差/s	距离/m	设计速度/(km/h)
2	长青路-至善街	0:00—7:00	15	线控	A-B-C-D	34	18	32	31	115	0	270	30
		7:00—9:00				40	34	32	29	135	0	270	30
		9:00—13:00				36	39	32	28	135	0	270	30
		13:00—17:00				36	43	32	39	150	0	270	30
		17:00—19:30				36	39	32	28	135	0	270	30
		19:30—23:59				34	18	32	31	115	0	270	30

图 7　两路口优化后相位与配时方案

2. 设计绿波协调方案

（1）早/晚高峰时段

早晚高峰时段，设置双向绿波协调，实现双向不停车通过。在保证协调运行效果的前提下，优先清空至善街路段内车流，以防拥堵（图8）。

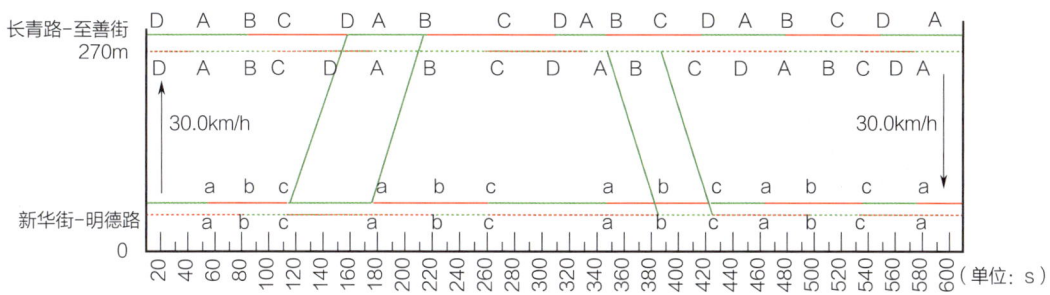

图8　早/晚高峰协调时距图

（2）平峰时段

平峰时段，设置双向绿波协调，实现双向不停车通过。在保证东西方向车流不受影响的情况下，保证长青路北向南，明德路北向西汇入车流可尽快排空、消散，确保无拥堵现象产生（图9）。

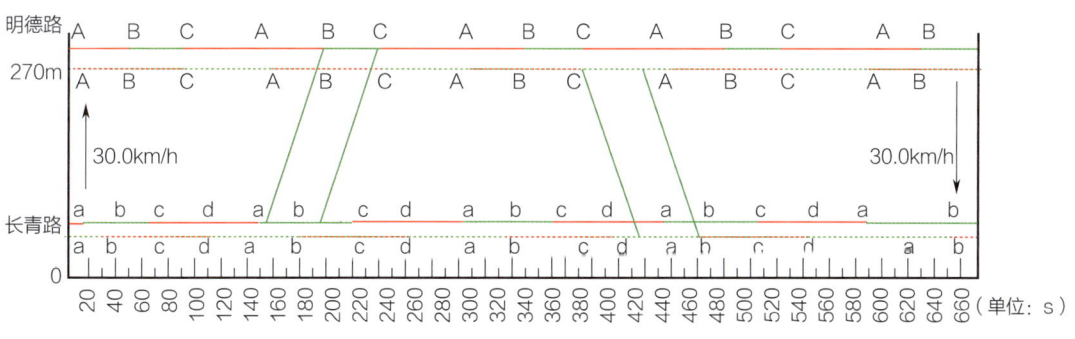

图9　平峰协调时距图

（3）低峰时段

低峰时段，设置双向协调，实现双向不停车通过。同时，在满足国标规定的前提下，对商圈附近人行过街时长进行优化调整（图10）。

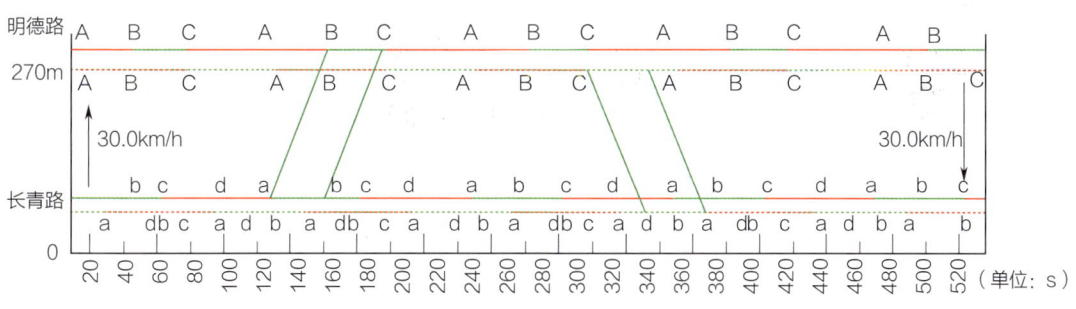

图10　低峰协调时距图

3. 严管违法停车

交警部门通过"自动抓拍违停巡逻车"高清摄像头对违法停车行为进行抓拍，同时结合路面民警对路网内禁止停车路段进行不定时巡查，确保交通运行有序，保证绿波实施效果（图11）。

图11 自动抓拍违停巡逻车

实施效果

方案实施后，至善街各时段交通运行情况与设计预期一致，协调路段双向行车均可一次通过。东往西路段积压车流明显减少，路口回溢现象消除，长青路－至善街交叉口东进口直行排队也因此减少；明德路北往东左转方向车辆行驶速度显著提升，车流可一次性通过至善街两路口，路段间未出现回溢现象，达到优化目标如图12及表1所示。

图12 优化前后运行效果对比

图 12　优化前后运行效果对比（续）

表 1　绿波协调优化效果对比表

时段	协调分段	行程时间 /s			行驶速度 /（km/h）			停车次数 / 次		
		优化前	优化后	优化率	优化前	优化后	优化率	优化前	优化后	优化率
早高峰	东向西	61	43	29.5%	21	26	19.2%	1	0	100%
	北向西	98	59	39.8%	15	22	31.8%	1	0	100%
平峰	东向西	65	42	35.4%	22	28	21.4%	1	0	100%
	北向西	91	65	28.6%	17	21	19.0%	1	0	100%
晚高峰	东向西	74	47	36.5%	19	27	29.6%	1	0	100%
	北向西	69	61	11.6%	26	23	−13.0%	0	0	—

案例点评

　　本案例有针对性地采用优化路口信号控制配时、双向绿波协调控制方法，配合实施严管路边违法停车、消除对正常通行车流干扰的措施，使 2 个路口的车流在绿波时段内同步通过路口，有效缓解了路段间排队过长、车辆积压回溢等问题，对于城市商圈内交通组织改善有一定的借鉴和参考意义。

　　城市商圈的道路交通流量大、改造空间有限、停车矛盾突出，是城市交通管理的重点难点区域。绿波信号协调控制改动小，效果显著，特别适用于商圈、医院等区域的连续近距离路口，可有效减少排队溢出情况的发生。但其效果也受制于流量大小，如果交通流量继续增大，通过信号控制优化已无法改善通行效果时，在城市老城区商圈内可考虑实施单向交通组织。

关键路口周边"微片区"联动控制

案例简介

城市核心区关键路口交通拥堵，已成为制约路网通行效能发挥的重要瓶颈，高峰时极易恶化导致拥堵蔓延形成区域性拥堵。本案例通过控制时段精细划分、制定差异化控制策略、实施潮汐信号控制、缩减信号相位、统一信号周期等微片区信号协调控制方法，有效缓解片区交通拥堵，有力破除路段排队溢出顽疾。

现状问题及分析

黄河大街－泰山路路口位于沈阳中心城区核心位置，是连接城区与北部地区的重要交通枢纽，周边分布着重要办公与活动场所，沈阳最重要的 2 条南北向通道北陵大街、黄河大街以及最繁华的长江商业街通过泰山路交汇于此。随着北部住宅小区的不断扩建，以黄河大街－泰山路路口为中心的周边区域车流量剧增，呈现较明显的潮汐现象，高峰时段区域交通异常拥堵并有恶化趋势（图1）。

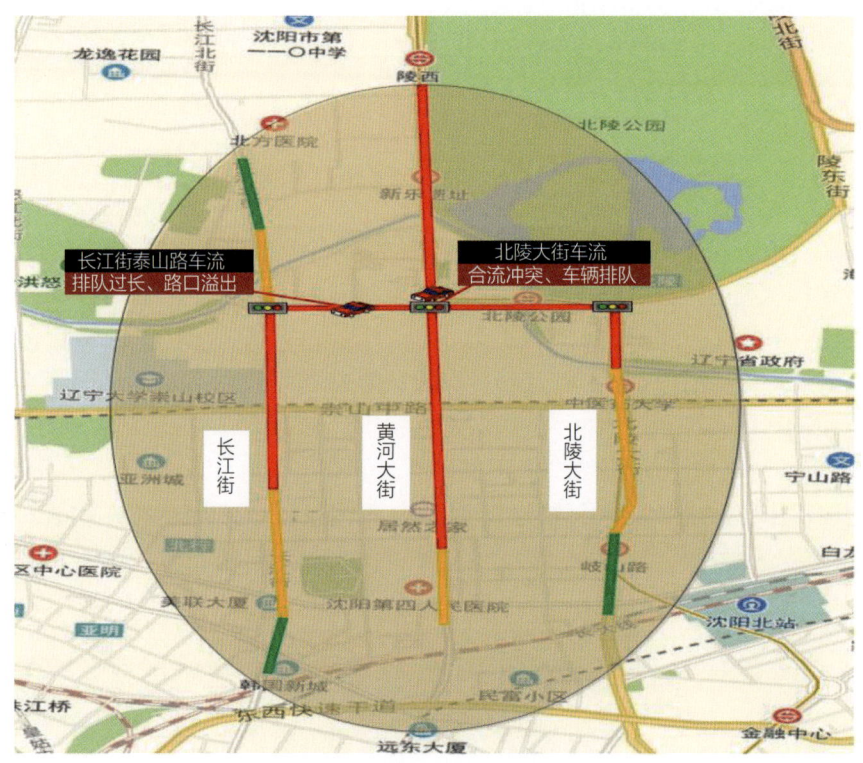

图 1　黄河大街－泰山路路口周边区域拥堵情况

1. 潮汐现象明显

该区域北部有众多住宅小区，存在早高峰由北向南、晚高峰由南向北的明显潮汐特征，流量集聚于黄河大街-泰山路路口，突出表现为早高峰北向南以及晚高峰南向北、东向北、东向西拥堵严重（图2、图3）。

图 2　早高峰潮汐交通现象

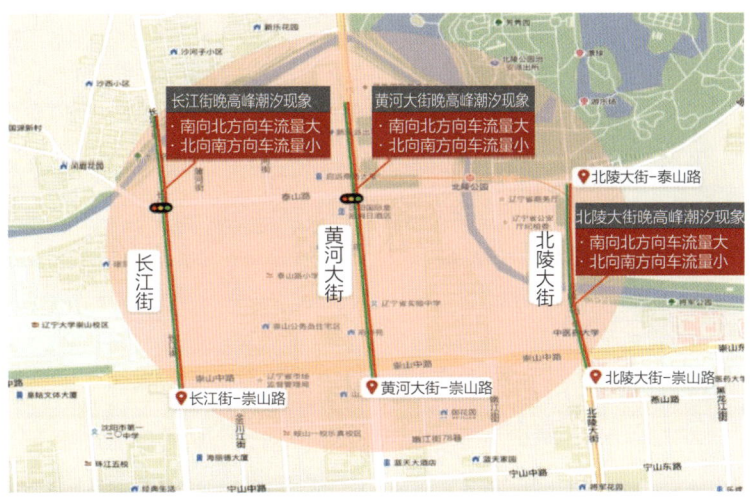

图 3　晚高峰潮汐交通现象

2. 干道合流冲突

由于北陵公园的阻断，北陵大街北向车流绝大部分需要左转至泰山路，在黄河大街-泰山路路口右转，与黄河大街南向北直行的车流相遇，2条干道主要车流产生合流冲突，尤其高峰时段影响路口通行效率，拥堵严重时波及至北陵公园及省政府正门（图4）。

图 4　黄河大街－泰山路路口合流冲突

3. 路口排队溢出

北陵大街、黄河大街早高峰北向南、晚高峰南向北流量较大，排队溢出频繁。黄河大街－泰山路路口早高峰北进口、晚高峰南进口及东进口流量较大，亦经常发生排队溢出，甚至形成连锁反应，引发区域交通拥堵（图 5、图 6）。

图 5　黄河大街－泰山路路口早高峰南进口及北进口排队溢出

图 6　黄河大街－泰山路路口晚高峰西进口及东进口排队情况

优化思路

> 实行"化点为线、连线成面"控制策略,即视关键节点所在干线关联交叉口为一整体协调对象进行统一考虑,进而逐步扩展,纳入关联干线交叉口群构成近似区域实行一体优化控制,从而缓解微片区交通拥堵压力(图7)。

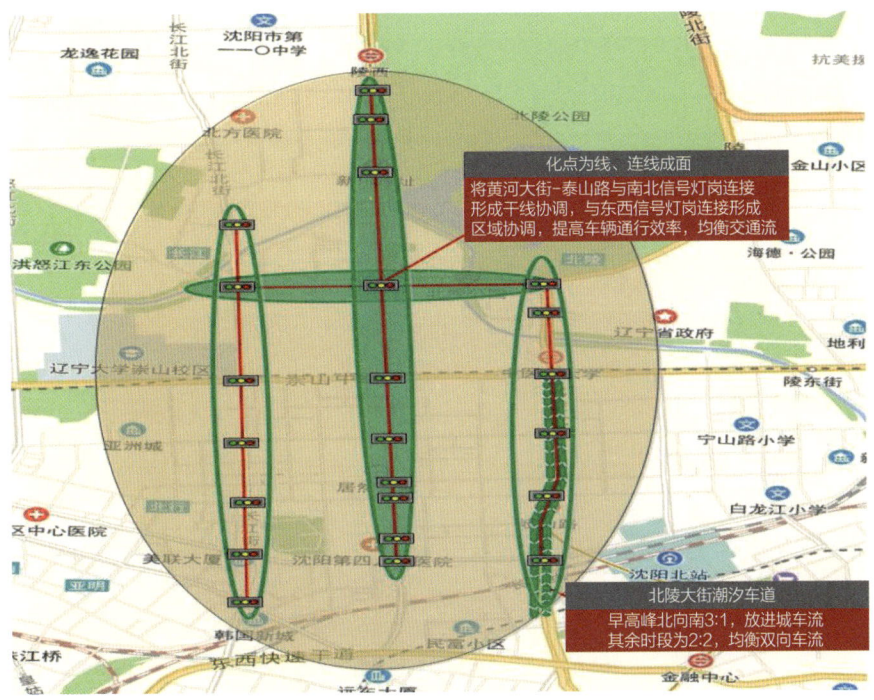

图 7 微片区协调控制策略示意图

> 扩展潮汐车道应用时段,同步将非工作日对应时段交通干线纳入潮汐控制,缓解早高峰单方向交通拥堵压力,均衡道路时空资源配置。

优化措施

1. 削减信号相位,统一信号周期

将黄河大街-泰山路路口由高峰"南北直行、北进口/南进口单放、南北左转、东西直行、东进口直左"5 相位控制,调整为"北进口直左、南进口直左、东西混行"3 相位控制,压缩原东进口直左 20s 相位时间,统一微片区绿波协调控制路口信号周期为 150s。

2. 细化控制时段,制定差异化控制策略

由于该区域 3 条干道高峰时段均具有比较明显的潮汐交通现象,为满足早高峰北部入城车流和晚高峰出城车流需求,进一步精细化设置早 6:00—9:00 时段、晚 15:30—20:00 时段控制方案,通过"分时放流、适度控流"策略,从时间上分离入城和市内车流,力争实现

削峰填谷,缓解高峰时段拥堵。

(1)早高峰

1)6:00—7:00时段,利用180s大周期主路方向最长配时快速疏解入城车流,横向只保留最小行人过街时间,实行干道入城方向单向协调。

2)7:00—8:00时段,缩减南北主线相位时长,调整信号周期至150s,适当增加支路时长,协调主流向变更为南向北出城方向,并借助二环白山立交桥自然分流。

3)8:00—9:00时段,维持150s运行周期,适当增加入城方向相位时长,协调主流向仍为出城方向,达到出城顺畅、入城有序的效果。

(2)晚高峰

1)15:30—17:00时段,以150s公共周期协调干线出城方向,增加黄河大街－泰山路路口南进口配时,在晚高峰前全力疏散南进口出城车流。

2)17:00—19:00时段,适当减少南进口配时,增加东进口配时,缓解东进口流量增加带来的出城方向拥堵压力。

3)19:00—20:00时段,适当减少南进口、东进口配时,增加北进口配时,快速疏散北进口车流。

3. 实行微片区绿波协调控制

(1)化解合流冲突

高峰时段,协调北陵大街－泰山路南进口左转车流使之通行顺畅,减少交通冲突。平峰时段,冲突不明显,断开协调控制方案,横纵2条干线各自运行自适应模式(图8)。

图8 黄河大街与北陵大街区域协调

（2）缓解排队溢出

晚高峰将黄河南大街－泰山路与长江街－泰山路进行区域协调，使黄河南大街－泰山路南进口和东进口车流驶向长江街－泰山路时实现东西方向绿灯通行，以减少停车次数、缩短排队长度，从而缓解交通拥堵。其他时段流量较小，影响不大，故可断开区域协调，使长江街、黄河大街控制方案各自独立运行（图9）。

图9　黄河大街与长江街区域协调

4. 调整潮汐信号控制时段

根据交通流变化特点，将原工作日早高峰7:00—9:00"北向南3车道、南向北1车道"潮汐车道控制时段变更为6:00—10:00，同时拓展至非工作日；平峰、晚高峰仍保持南北向各2个车道通行（图10）。

a）早高峰北向南3车道

b）平峰及晚高峰北向南2车道

图10　不同时段北陵大街潮汐车道变换情况

实施效果

1. 主干道合流冲突显著降低

对黄河大街－泰山路路口周边实行微片区协调控制后,主干路合流冲突降低约60%(图11)。

图11 优化后黄河大街－泰山路路口晚高峰运行实景

2. 片区交通运行效率大幅提升

基本消除路口排队溢出现象,横向支路高峰等候时间减少约30s,入城方向放行时段和出城方向高峰时段绿灯几乎一次通过,区域拥堵得到一定程度的缓解。

目前微片区协调已经在沈阳信号控制中得到广泛应用,分别由相交主干线、干线关联路口以及交通条件相似的次干路或支路构成协调微片区,实行全局联动控制,提升信号路口的整体运行效率(图12)。

图12 南京街－南五马路路口周边区域协调示意图

案例点评

本案例针对干道交通流潮汐现象明显、排队溢出频繁、合流冲突严重等问题，基于SCATS系统信号控制优势和路口间距适中的特点，在实践中总结出微片区协调控制经验，配合削减相位、降低周期、细化时段、协调优化、潮汐车道等多种信号控制措施，不断探索"面控"之路，广泛用于交管实战，取得了积极成效。

案例可进一步提升和改善的空间在于：一是考虑微片区外围路口的地理区位特征和交通负荷特点，实行截流管控策略，缓解区域内部交通拥堵压力；二是结合交通诱导措施进行远端分流，保证高峰时段路网负载尽可能均衡。

本案例创造性采取"化点为线、连线成面"控制策略，以自上而下的全局视角巧用信号控制技术优化片区道路时空资源分配，同时组合应用潮汐车道控制方式缓解关联干线拥堵失衡矛盾，能够有效避免单个节点或干线协调可能引起的交通压力转移或"头痛医头、脚痛医脚"的被动局面，不致酿成"按起葫芦起来瓢"的尴尬局面，可为同类片区交通信号控制优化问题提供一种新的解决思路。

大流量环岛的灯控设计

> **案例简介**

环岛通行能力有限,难以适应快速增长的城市机动化水平,并且目前大部分环岛内包含地标性建筑,因此拆除、改建难度较大。本案例采用增设信号灯控制进出环岛车流、精细相位相序设计、划分慢行路权等方式,有效解决环岛内车流无序交织、机非冲突严重等问题,路口通行效率显著提升。

> **现状问题及分析**

包头市一宫环岛(图1)位于青山区,环岛呈椭圆形,长轴约93m,短轴约66m,现状为四岔无灯控环岛。环岛东南方向为建设路,西方向为东西走向的主要干道钢铁大街,东北和西南方向为呼得木林大街。周边用地以商业和政府会议中心及景观设施为主,环岛内西北侧为第一工人文化宫及停车场、东北侧为天外天大酒店、西南侧为大型家具城、东南侧为儿童公园,交通吸引点较多,交通通行环境较为复杂,且有4条主要公交线路在此通行,四个方向交通流量都较大。另外,一宫环岛内部是包头城市地标性雕塑"奔鹿腾飞",无法拆除,同时由于周边的建筑物密集而无法改建为立体交通。

图1 一宫环岛位置图

1. 总体交通流量饱和，关键进口排队溢出

工作日高峰期，环岛总体通行能力为 9200veh/h，而实际的交通量为 9611veh/h，流量过饱和。由于环岛是连接包头各城区的重要交通节点，且钢铁大街的交通流量较大，东西方向经常会出现大范围排队拥堵情况，严重时车辆需要 3 次及以上停车等候才能通过环岛，影响东西方向上游交叉口的正常运行（图 2）。

图 2　一宫环岛优化前实景图

2. 岛内车流交织严重

环岛为无信号控制路口，岛内施划有 3 条机动车道。作为一宫环岛的主流向，东西方向不仅进入环岛的车流量较大，南北方向通过右转或左转进入的车流量也相对较大。对于东北进口，由于左转车辆需要行驶 3/4 的环道才能进入东南方向的出口道，因此该部分车流将会对岛内车辆的通行产生较大的影响。特别是当左转流量较大、岛内车流没有完全疏散时，会出现环岛内车流"锁"死现象。

3. 岛内机非混行，事故频发

一宫环岛采用机非混行的交通组织方式，机动车、非机动车交通流均在环岛内交汇，严重制约了环岛的通行能力，也给行人、非机动车带来安全隐患，交通事故频发。

优化思路

- 增设信号灯，控制进岛和出岛车辆。
- 设置清空相位，避免车辆在岛内积压。
- 设置隔离设施及行人相位，减少慢行与机动车交通冲突。

优化措施

1. 环岛进口道及出口道设置交通信号灯

环岛 4 个进口道分别安装 1 组信号灯，控制进岛车辆；4 个方向驶出环岛位置分别安装 1 组信号灯，配合岛内施划的 4 组阶梯式停止线，控制出岛车辆，并保证行人过街时无人车冲突。

相位相序设置参考十字形交叉口四相位放行模式，并设置清空相位，保证岛内车辆有效清空，兼顾空间资源的充分利用（图 3）：

1）A 相位（入岛及行人过街相位）：东西方向机动车直行，同时南北进口非机动车和行人也可通行。此相位没有开放机动车右转的目的是保护非机动车和行人的过街安全，避免右转机动车与正在过街的非机动车和行人发生冲突。

2）B 相位（入岛及出岛相位）：A 相位基础上增加了机动车右转通行，同时关闭南北进口非机动车和行人信号。

3）C 相位（出岛清空相位）：所有进岛信号均关闭，此相位作用是清空岛内排队的车辆。

4）D 相位（相交方向车流衔接相位）：因环岛直径较大，如果将岛内车辆彻底清空后再放行下一相位，势必造成岛内道路空间的浪费。所以，在确保进出岛车辆不发生冲突的前提下，提前放行南北方向的进岛车辆，让其与出岛车流尾部衔接，提高岛内空间利用率的同时也降低了车辆延误。

5）EFGH 相位：4 个相位放行南北方向车流，具体放行方式参考 A 至 D 相位设置。

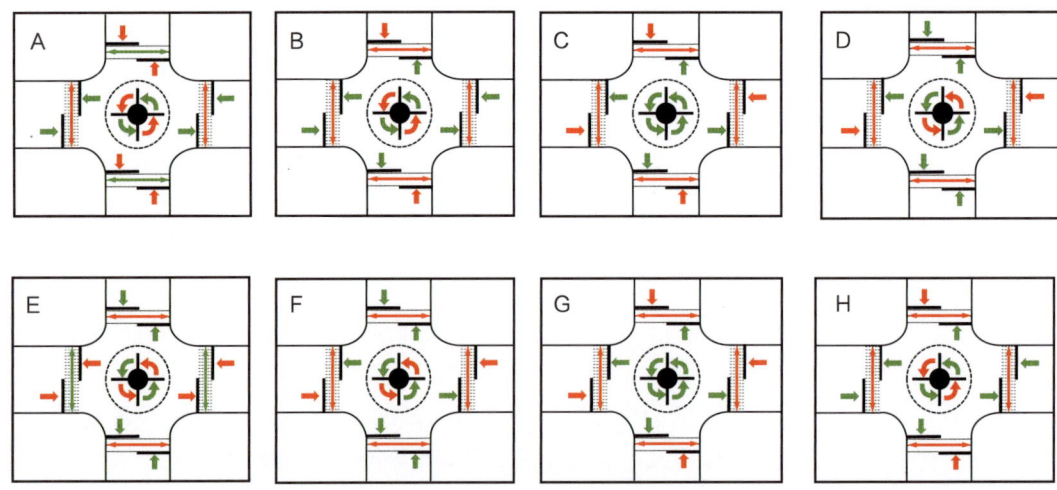

图 3　信号相位图

2. 合理划分信号配时时段

结合路口交通流量运行特征合理划分信号配时时段（表 1）：

1）根据流量特征总体划分为 9 个时段，其中 7:00—9:00 为早高峰对应 7 号方案，11:40—12:40 为午高峰对应 2 号方案，17:00—20:00 为晚高峰对应 5 号方案，3 号、6 号方案为平峰方案，4号为低峰方案，1号为夜间方案。

2）一宫环岛是连接东西区域的重要道路节点，整体车流量东西多，南北少。因此，各高峰时段方案的绿信比东西方向大于南北方向。

3）因平峰和高峰时段岛内滞留排队车辆较多，在早晚高峰及白天平峰时段（时段2/3/4/6/7）启用D相位、H相位，提高岛内空间利用率，降低车辆延误。

4）包头工作日作息时间一般为上午8:30—11:30和下午2:30—5:30。因中午休息时间较长，会有一个午高峰，故时段4（11:40—12:40）周期时长设置较长。

5）该路口19:00—20:00东西车流量仍较大，排队长度较长，故将晚高峰时段7时间延长至20:00。

表1　环岛时段划分及配时表　　　　　　　　　　　　　　　　　（单位：s）

序号	开始时间	结束时间	方案号	周期	相序	A	B	C	D	E	F	G	H
1	6:00	7:00	4	100	ABCEFG	31	5	8		31	5	8	
2	7:00	9:00	7	145	ABCDEFGH	40	10	10	10	21	12	12	10
3	9:00	11:40	3	130	ABCDEFGH	22	13	12	12	19	6	12	12
4	11:40	12:40	2	145	ABCDEFGH	33	10	12	10	24	12	12	10
5	12:40	13:40	4	100	ABCEFG	31	5	8		31	5	8	
6	13:40	17:00	6	130	ABCDEFGH	24	9	12	12	19	8	12	12
7	17:00	20:00	5	155	ABCDEFGH	37	16	13	15	18	6	13	15
8	20:00	22:30	4	100	ABCEFG	31	5	8		31	5	8	
9	22:30	6:00	1	70	ABCEFG	21	5	3		21	5	3	

3. 慢行交通一体化过街，精细渠化设计（图4）

1）增加环岛内机动车道数量，由3条改为4条，增加了环岛通行能力。

2）配合出入环岛信号控制，设置4组停止线，并在4个出口方向人行横道前方设置停止线，通过信号控制，避免人车冲突。

3）分离非机动车和机动车通行区域，明确非机动车过街与行人沿环岛外围通行，通过红色沥青路面以及连续的非机动车地面标记，对非机动车驾驶人形成连续指引，具有更加直观的提示作用。

4. 完善隔离栏、交通标志等交通管理设施（图5）

在环岛外围增设机非隔离栏，规范非机动车的通行路径，避免机非混行；在4个进口方向增设了大型指路标志，提前告知车辆驾驶人道路相关信息，便于驾驶人提前做好行车路线规划；在出口设置限速标志和禁停标志，控制车速并严格禁止车辆在主路停放。

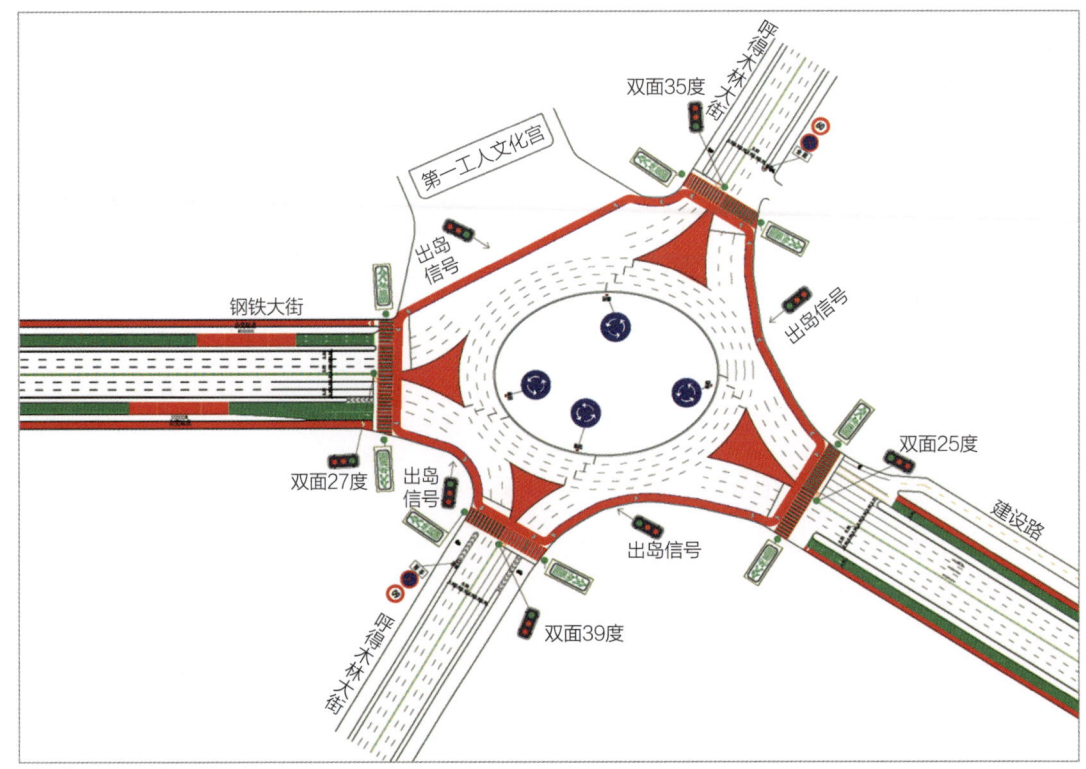

图 4　环岛渠化设计图

图 5　机非隔离栏设置

实施效果

优化方案实施后,各项交通运行指标均有比较明显的提升,有效地规范环岛内车辆通行秩序,提高了车辆的通行效率,交叉口整体通行能力提高 15%。优化后,不再发生环岛"卡死"、交通整体瘫痪的情况,只需根据不同时段的交通需求调整信号控制策略。并且,各类交通方式的路权更加明确，环岛交通事故由原来的每年430多起下降至360多起，事故率下降了16%（图6、图7及表2）。

图6　一宫环岛优化后实景图

图7　东进口优化前后车辆排队长度对比图

表2　优化前后交通运行指标对比表

	优化前	优化后	优化率
车均停车次数	3.6	2.8	22%
车均停车延误/s	47.03	39.2	17%
平均车速/(km/h)	20.25	25.35	25%
通行能力/(veh/h)	9200	10600	15%

案例点评

本案例针对环形交叉口岛内通行秩序乱、流量过饱和导致的交通拥堵问题，通过增设信号灯、精细化设计相位相序、明确慢行交通通行路权等方式进行综合改善，从时间、空间上规范交叉口的通行权限，减少了交通流冲突，有效保障了路口通行秩序、提升通行效率并确保通行安全，取得显著成效。

本案例的优化措施还有不足之处，主要体现在非机动车和行人过街绕行距离过长。如果采用停止线提前、利用各进口的导流岛设置二次过街安全岛等方式，可以减少慢行交通的通行距离及等候时间。

本案例可为无灯控环岛交通组织优化提供一些实用的借鉴思路，在环岛地标性建筑无法拆除的情况下，增设信号灯控制出入环车流、精细设计相位相序可以使原本混乱无序的交通流变得有序。同时，针对无灯控环岛机非混行、人车混行等安全问题，应以明确通行路权方式规范非机动车和行人通行路径，但实施初期应加强路面引导，让交通参与者养成良好的出行习惯。

流量不均衡路口优化改善

潮汐性路口的可变导向车道设置

快速路下匝道衔接路口交通组织

大货车集中路口渠化设计

潮汐性路口的可变导向车道设置

案例简介

具有潮汐性交通流特征的交叉口，早晚高峰交通流存在显著差异，给常规的交通控制方式带来了较大挑战。本案例通过设置动态可变导向车道、优化信号控制方案等方式来适应交通流变化规律，将交叉口整体服务水平保持在可控范围内，有效提升了周边道路的运行效率。

现状问题及分析

凤台南路为南京市内环重要组成部分，集庆门大街为联系河西及城中的重要通道，集庆门大街－凤台南路路口存在高峰、平峰期车道流量不平衡，不同转向车流量差异大等情况，导致道路资源利用率差，交叉口运行效率低（图1）。

该路口周边情况复杂，限制因素较多。东侧穿城墙，西侧横跨秦淮河，南北向主路下穿，东西向两侧相邻交叉口距离较近（约190m）。

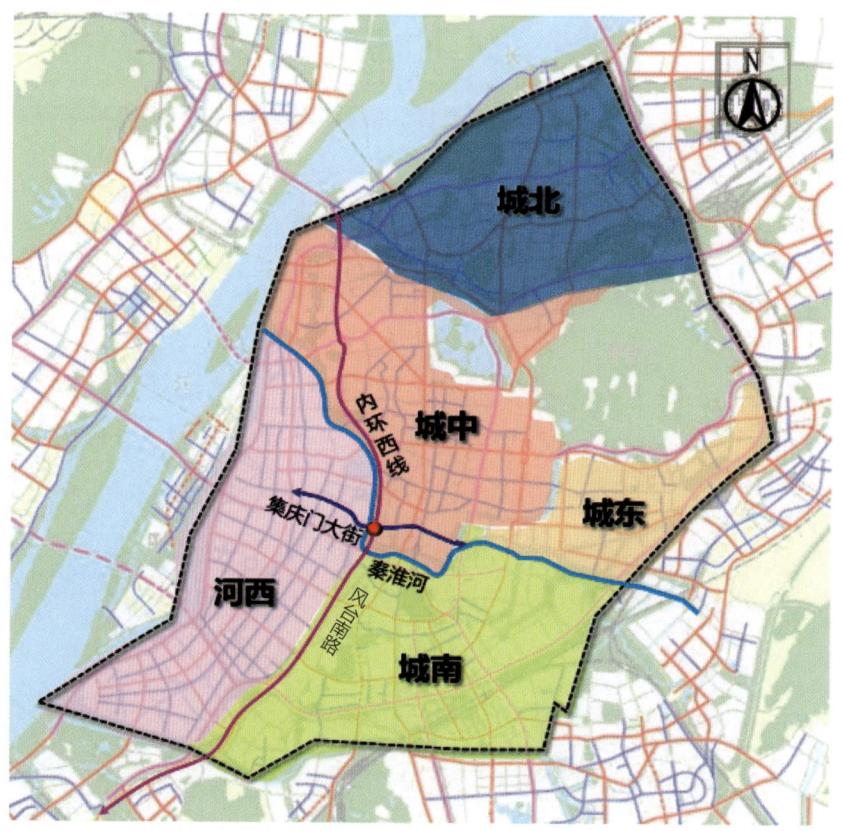

图1　集庆门大街－凤台南路交叉口区位及周边条件

图 1 集庆门大街-凤台南路交叉口区位及周边条件(续)

1. 早晚高峰东进口左转流量大,服务水平低(图2)

早高峰:整体饱和度为 0.68,服务水平为 C 级。其中,东进口早高峰左转交通量过大,达到 944pcu/h,饱和度较高,达到 F 级,稳定性较差。

平峰:整体饱和度为 0.46,服务水平为 B 级。东进口直行交通量比早高峰时期有所增加,达到 286pcu/h,服务水平依旧维持在 C 级,但是交通组织方式和信号控制与高峰时期一致,运行状况良好。

晚高峰:整体饱和度为 0.62,服务水平为 C 级。东进口交通量为全天最高,直行交通量比平峰时期有所增加,总进口交通量达 1678pcu/h,左转的饱和度已达 F,而直行的饱和度较低,为 B 级。

◆交通量——早高峰

进口	方向	早高峰机动车流量/(pcu/h)
东进口	左转	944
	直行	259
	右转	308
南进口	左转	230
	直行	342
	右转	863
西进口	左转	424
	直行	463
	右转	732
北进口	左转	224
	直行	675
	右转	228

◆交通量——平峰

进口	方向	平峰机动车流量/(pcu/h)
东进口	左转	442
	直行	286
	右转	252
南进口	左转	378
	直行	198
	右转	688
西进口	左转	228
	直行	292
	右转	490
北进口	左转	246
	直行	136
	右转	214

◆交通量——晚高峰

进口	方向	晚高峰机动车流量/(pcu/h)
东进口	左转	940
	直行	368
	右转	300
南进口	左转	480
	直行	203
	右转	388
西进口	左转	277
	直行	441
	右转	441
北进口	左转	267
	直行	666
	右转	402

图 2 各时段机动车流量统计

2. 早高峰与平峰信号配时方案一致

该路口早高峰和平峰时期信号相位及配时方案一致，晚高峰时期相位发生细微变化，主要差别在于东西向的左转和直行时间与早高峰时期不同，但总信号周期均为140s，采用5相位的控制方式（图3）。

早高峰及平峰

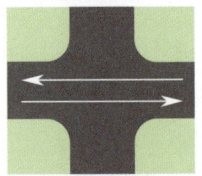
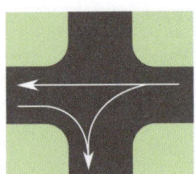
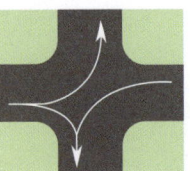
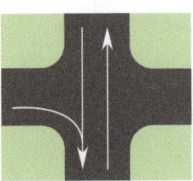
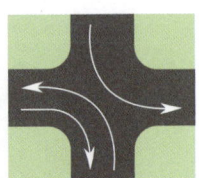

第1相位：28s　　第2相位：25s　　第3相位：28s　　第4相位：24s　　第5相位：20s

晚高峰

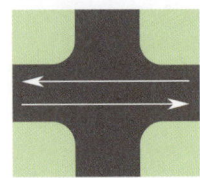
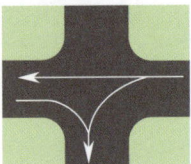
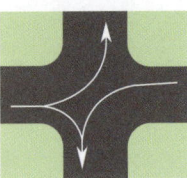
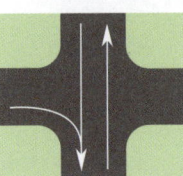
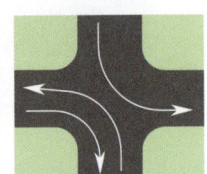

第1相位：19s　　第2相位：37s　　第3相位：25s　　第4相位：24s　　第5相位：20s

图3　改善前交叉口各时段相位配时

3. 东进口排队较长，拥堵情况严重

交叉口早高峰较为拥堵，特别是集庆路东进口，早晚高峰左转进入城西干道的交通量较大，而右转和直行交通量较少。改造前该进口道设置为1条左转、1条直行以及1条直右车道，交叉口空间未充分利用，导致交叉口早晚高峰交叉口左转通行能力严重不足，排队严重，而直行和直右车道利用率低（图4）。

图4　交叉口东进口拥堵蔓延情况

在设置可变车道前，为缓解交通拥堵，南京交警尝试了一些如下的临时性的交通组织方式：东进口左转车辆可以借直行车道行驶，路边增设了允许借道左转指示牌，以缓解左转排队过长的现象，但效果依然不理想（图5）。

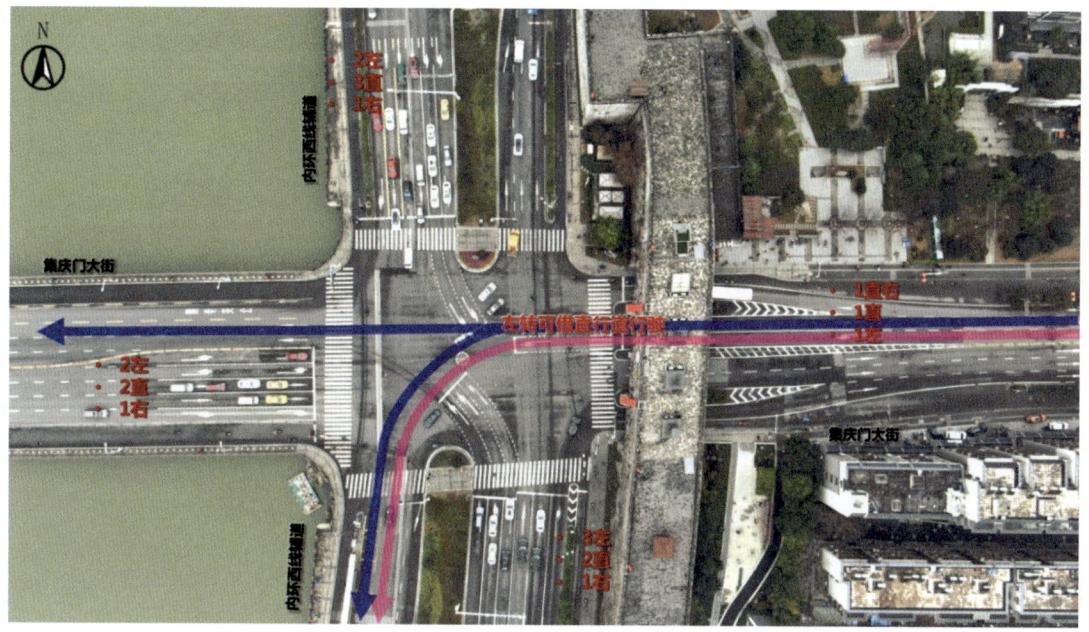

图 5　交叉口渠化与临时交通组织方式

优化思路

- 动态调整进口车道功能以匹配变化的交通流量。
- 同步配套可变车道标志及标线，路口时空协调一体化。
- 完善路口的信号控制系统和信号配时方案，以达到对路口的实时优化和人工干预。

优化措施

1. 东进口设置可变车道

将东进口原直行车道设置为可变车道，高峰时期（具体时间为早高峰 7:00—10:00、晚高峰 16:30—20:00）车道行驶方向为直左或左转，其余时段车道行驶方向为直行，以满足早晚高峰东进口较大的左转需求。可变车道具体的车行方向可根据现场情况进行对应调整，目前两方向变化可满足大部分时间通行需求，如有特殊情况可通过远程控制方式进行切换（图6）。

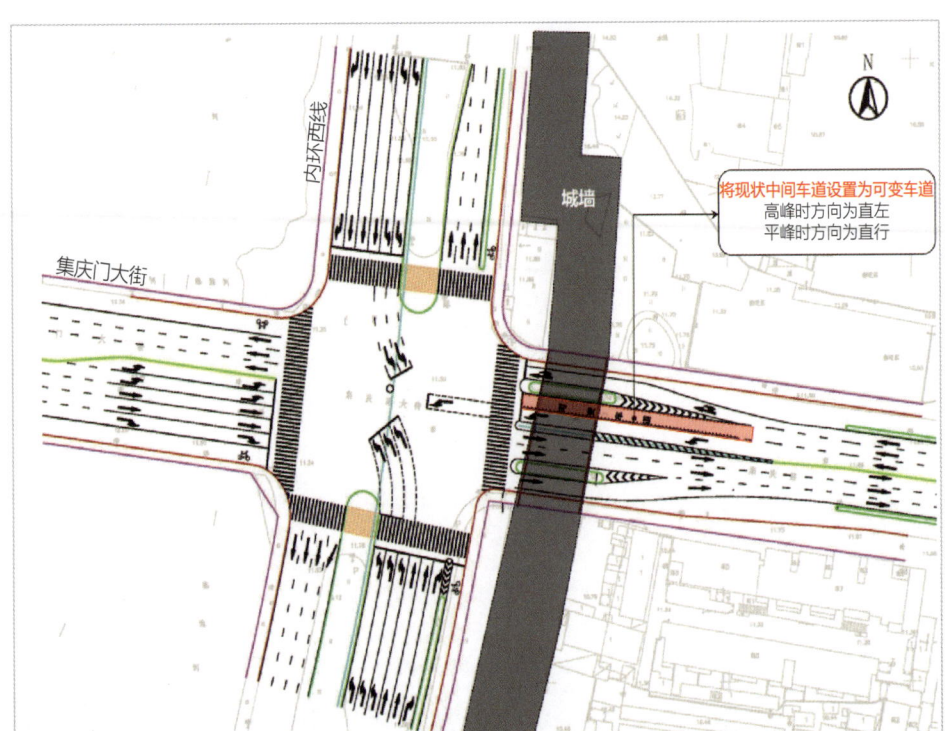

图 6　车道优化示意图

2. 同步增设可变导向车道标志及标线

将原来中间直行车道的导向车道标志改造为 LED 式可变导向车道标志，根据信号方案变更车道方向，该 LED 屏距离路口为 100m，数字代码标注为"2"，地面通道也施划相同数字。为了加强提醒作用，避免驾驶人错过车道标志信息而不能及时调整所行驶的车道，在临近路口时相应增加了一块 LED 屏（图 7）。

图 7　可变导向车道标志

根据《道路交通标志和标线》（GB 5768—2009）的规定，对应进口车道设置可变导向车道线，用于指示导向方向随需要变化的导向车道的位置，便于机动车及时选择车道（图8）。

图8　可变导向车道地面标线

3. 可变车道与信号控制系统联动

为避免进入可变导向车道的车辆在过渡时期无法清空，例如正在直行道等信号灯的驾驶人，车道功能突然变成左转将会对安全和通行秩序产生影响。为此，南京交警将整套可变车道控制系统整合嵌入现有信号控制系统，与信号联动控制，执勤民警调整车道方向后，车道方向不会立刻更改，而是等上一个信号周期结束才会变化，避免出现同一周期内车道转向突然改变的情况。

4. 调整优化交叉口信号配时方案（图9）

1）东进口流量大是主要矛盾，故在各个时段设置东进口单放相位，加快车流由东向西的疏散，同时在车道变换过渡期间，将此相位调整为首相位，用于清空可变车道内的滞留车辆。

2）根据流量特征合理搭配对称放行相位及单放相位。早高峰东进口左转流量大，直行流量较小，则不单独设置东西直行相位，给予东进口单放较多时间；平峰及晚高峰东进口直行流量较大，单独设置东西直行相位，减少东进口单放时间，增加东西左转放行时间。

早高峰

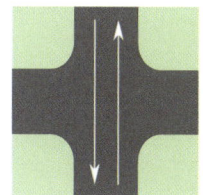 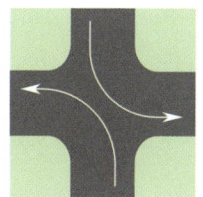 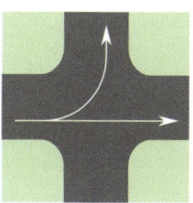 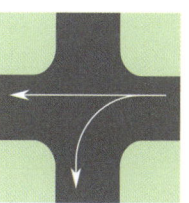 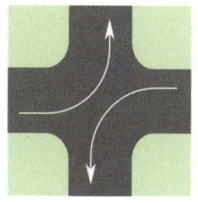

第1相位：24s　　第2相位：20s　　第3相位：25s　　第4相位：46s　　第5相位：10s

图9　改善后交叉口各时段相位配时

平峰

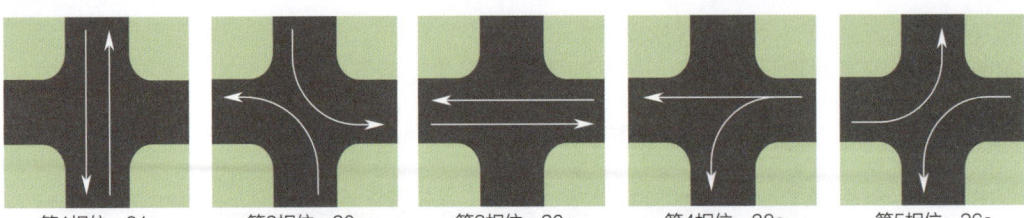
第1相位：21s　　第2相位：20s　　第3相位：20s　　第4相位：38s　　第5相位：26s

晚高峰

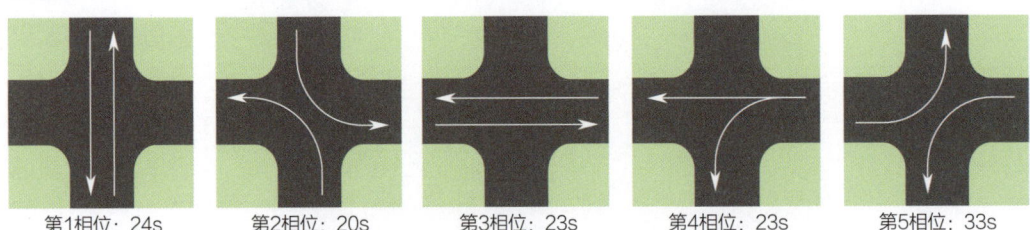
第1相位：24s　　第2相位：20s　　第3相位：23s　　第4相位：23s　　第5相位：33s

图 9　改善后交叉口各时段相位配时（续）

实施效果

通过对早高峰运行情况的调研，改造后路口通行能力有明显提高，东进口的左转车道饱和度由原来 1.47 下降至 0.90，服务水平由原来 F 级提高至 E 级，交叉口总体饱和度由改造前的 0.68 下降至 0.58，改善效果显著（图 10、图 11）。

进口	方向	车道数	流量/(pcu/h)	饱和度	服务水平	综合饱和度	综合服务水平
东进口	左转	1.6	980	0.90	E	0.58	C
东进口	直行	0.6	275	0.59	C		
东进口	右转	0.8	331	0.34	B		
南进口	左转	3	208	0.32	B		
南进口	直行	2	376	0.70	C		
南进口	右转	1	842	0.68	C		
西进口	左转	2	408	0.50	B		
西进口	直行	2	451	0.80	D		
西进口	右转	1	611	0.64	C		
北进口	左转	2	230	0.53	C		
北进口	直行	3	750	0.93	E		
北进口	右转	1	197	0.11	A		

图 10　优化后综合服务水平

图11 优化后现场实景

案例点评

本案例在对路口交通流特征充足调研基础上，分析了产生现状问题的原因，以及路口改造的可行性。针对路口的交通潮汐特点，通过设置可变车道，同步优化信号相位及配时来匹配动态变化的车流特征，有效缓解了交通压力。

实施单口放行的时候，需同时增设非机动车信号灯，以避免左转非机动车与直行机动车的交通冲突。本案例的东西进口采用了单口放行相位，但未设置非机动车信号灯，建议增设。另外，可以提前设置可变车道告知标志，提醒驶入此方向车辆注意车道功能的改变。

交通流存在明显潮汐特征的信号控制交叉口，通过设置可变车道，可有效提升时空资源利用率。但其使用需要具备一定条件：存在明显的时段性、方向性不均衡交通流；通过传统信号配时已无优化空间；设置可变车道的转向须有专用相位控制；设置可变车道后，其他车道车流的交通影响要在可接受范围内。

快速路下匝道衔接路口交通组织

案例简介

城市高架快速路下匝道与地面路口连接处，往往会因为与路口距离近、变道频繁、排队空间不足等原因成为交通瓶颈点和拥堵点。本案例通过设置匝道上游排队车道、调整匝道车道功能、在路口施划机动车和非机动车待行区等措施，减少车辆换道，增加路口蓄车空间，有效解决下匝道车辆秩序乱、排队长等问题。

现状问题及分析

石家庄市平安大街－和平路路口位于城市核心区域（图1），和平路为城市一环快速路，是东西向仅有的6条跨越京广铁路的交通大动脉之一，高峰期交通量已接近理论通行能力，交通压力大；平安大街是南北向交通主干路，道路沿线大型居住社区、重点中小学、大型企事业单位、地标性商超相对密集，早晚高峰交通流量较大。

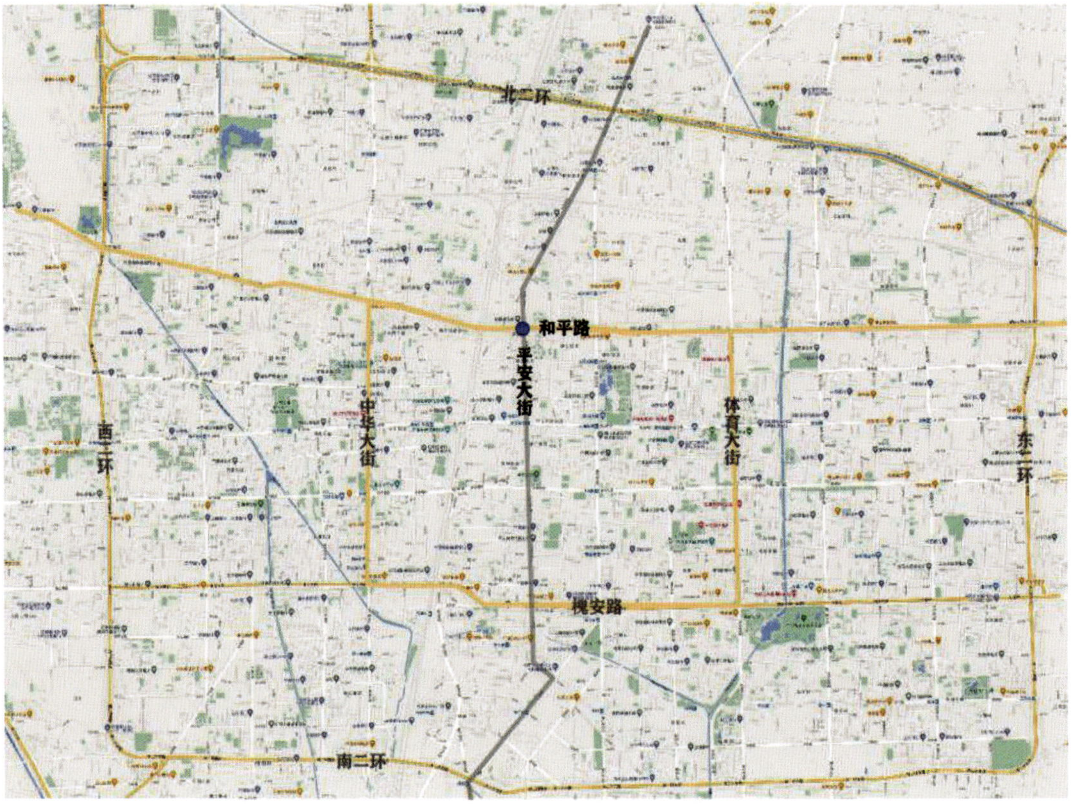

图1　平安大街－和平路路口区位图

平安大街-和平路路口交通问题包括：

1. 上下匝道距离路口过近，存车容量有限

平安大街两侧上下和平路高架桥匝道的位置与路口停止线的距离过近（西侧58m，东侧120m），西侧下匝道落地点与路口停止线之间可供停放车辆数最大仅为9辆。虽然，下匝道与地面连接处车道经改造后数量增加至5车道（1右+1直右+1直+2左，内侧地面道路另有2条直行车道），但仍然难以满足高架桥下匝道交通需求，高峰期间高架桥下匝道处排队长度约1km，严重影响快速路通行效率。

2. 路口双向交通流量大，易发生排队溢出

根据流量调查统计，早高峰路口机动车流量超过6400pcu/h、非机动车流量超过8200pcu/h，超过路口通行能力，因此极容易发生排队溢出（图2）。

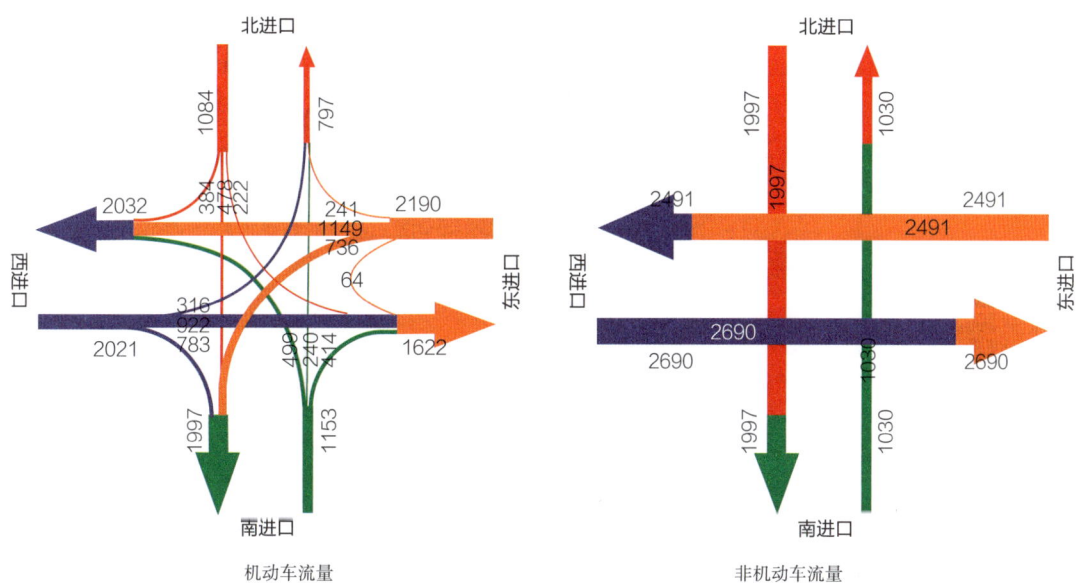

图2 早高峰路口机动车和非机动车流量调查统计结果（改善前）

3. 西进口右转机动车通行不畅

由于非机动车流量大，西进口右转机动车在南北直行和东西直行时，因需礼让直行非机动而无法右转。在整个信号周期（高峰180s）内，右转机动车仅在东西左转、南北左转相位内通行，右转机动车"实际绿信比"不足39%。

4. 下匝道车道划分与流量配比失调

西侧下匝道处为2车道，改善前车道划分为左转和直右车道，与车辆流向分布（左转21%，直行27%，右转52%）严重不匹配（图3）。

图 3　改善前高架下匝道车辆长距离排队情况

优化思路

- 匝道上游设置排队车道，严管加塞，避免下匝道车辆在匝道出口处占用多条车道无序排队，减少对高架主线干扰。
- 根据下匝道右转占比高的特点，调整下匝道车道功能为右转＋直左，匹配右转车辆通行需求。
- 重新分配地面连接处的 5 条车道功能，调整路口渠化设置机动车和非机动车待行区，提升路口通行效率（图 4）。

优化措施

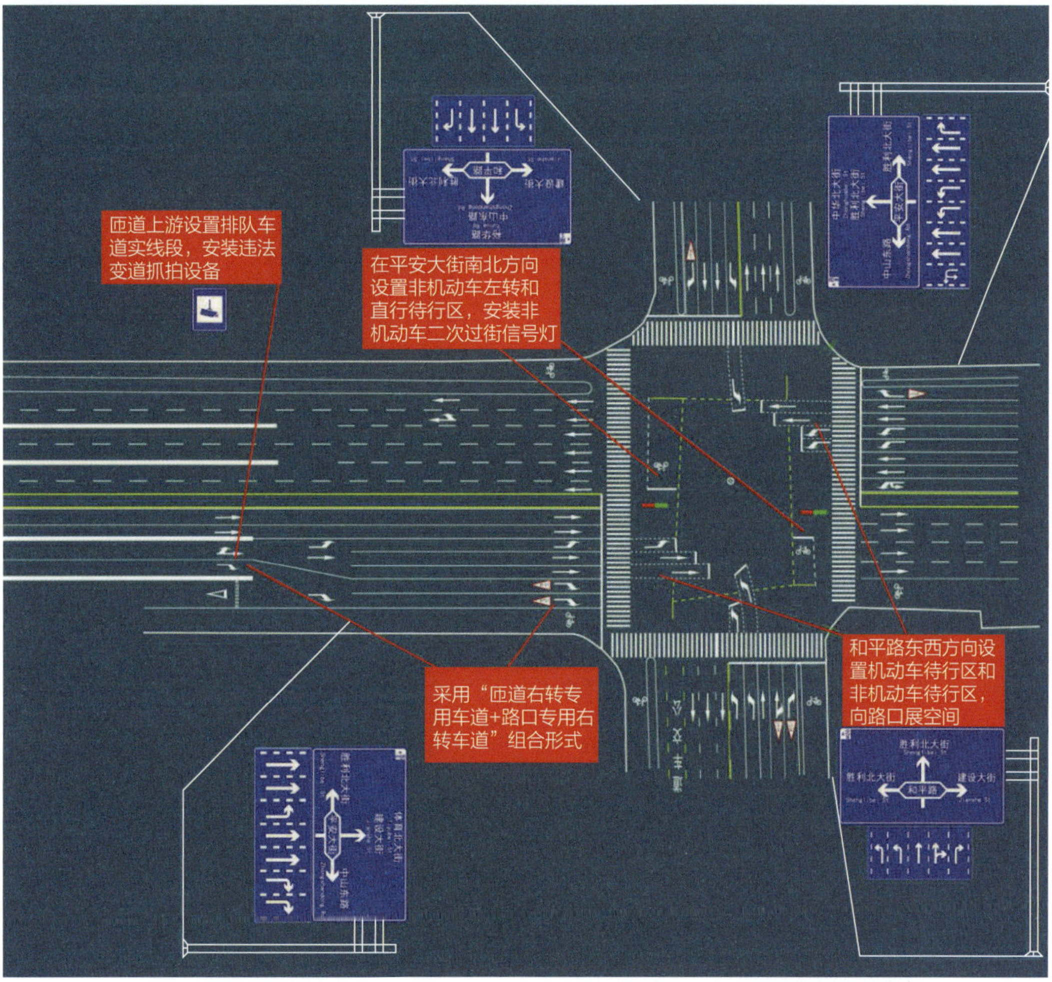

图 4　地面路口改善设计方案

1. 下匝道上游施划实线并严管加塞

在高架桥西向东方向下匝道上游施划实线，供下匝道车辆排队，增设违法变道抓拍设备，严管变道加塞，引导车辆有序排队，避免下匝道车辆占用多条高架主线车道（图5）。

图 5　匝道上游实线抓拍段（左）和匝道虚实线变化段（右）

2. 匝道车道功能调整为"直左 + 专右"

调整匝道车道功能为直左车道、右转专用车道，并采用白实线隔离，其中距离下匝道起点 30m 内为白虚线。

3. 地面重新划分导向车道为"2 右 +2 直 +1 左"

根据西口下匝道车辆通行需求，调整地面路口 5 条进口导向车道功能，最外侧为 2 条右转专用道，相邻为 2 条直行车道，最内侧为 1 条左转车道。同时，匝道右转车道与和地面右转车道连接，匝道直左车道与地面直行和左转车道连接，减少车辆换道（图 6）。

图 6　下匝道专用右转专用车道（绿色）和直左车道（橙色）

4. 南北进口道设置非机动车待行区优化通行秩序

针对非机动车流量大，严重影响机动车右转通行的情况，根据非机动车左转二次过街的通行规则，设置南北非机动车待行区，规范非机动车通行区域。设置非机动车二次过街信号灯，让非机动车利用东西左转相位进入待行区，在南北直行相位快速通过路口，尽可能减少对右转机动车的影响。因在西口存在电线杆，通过交通仿真分析，设置非机动车待行区效果不明显，且会降低匝道右转车辆通行效率，因而东西进口暂不设置非机动车待行区。

5. 设置"机动车直行 + 左转待行区"提升蓄车能力

在保留四个方向左转待行区的基础上，东西进口道增设机动车直行待行区，提升东西方向直行车道蓄车能力，设置 LED 屏提醒驾驶人何时进入直行、左转待行区（图 7）。

图 7　路口机动车待行区（绿色）和非机动车待行区（蓝色）

6. 重新调整优化路口信号配时

结合交通调查和互联网数据，优化早高峰周期 180s 至 170s，相应调整各相位信号配时。

实施效果

路口改造完成后，根据为期两周的技术跟踪和流量观察：
- 西进口下匝道通过车辆数明显增加，车道利用率大幅提高。
- 早高峰西向东方向每天下匝道交通拥堵情况基本消失。
- 下匝道车辆排队长度缩短至匝道出口处，基本不影响主线通行。

互联网数据显示，早高峰路口通行延误明显降低（表1、图8）。

表 1　改善前后通行状况对比

	改善前	改善后	优化效果
西下匝道上游排队长度 /m	800~1000	0~20	98%
西下匝道高峰时段通过量 /（pcu/h）	1506	1916	27.22%
路口高峰时段通过量 /（pcu/h）	6448	6597	2.31%
路口高峰时段机动车平均延误 /s	62	43	30.65%

图 8　平安大街－和平路地面路口通行状况（改善后）

案例点评

本案例通过对高架主线、出口匝道、地面路口的流量分布和特征分析，确定了符合快速路下匝道衔接路口交通流量特征的"匝道上游＋匝道＋地面路口"组合优化思路，在匝道上游设置排队车道，严管车辆加塞，减少对主线交通影响；调整匝道车道功能，匹配右转通行需求；设置"直行＋左转待行区"，增加路口排队蓄车能力；通过设置非机动车待行区，减少非机动车过街对右转机动车的干扰；并根据交通流量调整信号配时，优化效果较为显著。案例优化后，西进口右转为 2 个车道。在借鉴应用时，需注意西进口右转机动车与南北直行车辆以及行人过街的交织冲突问题，以进一步提升路口通行安全性。

  高架快速路下匝道和地面道路衔接处的拥堵是城市交通常见问题。通常，可通过优化车道组合、设置隔离设施、调整信号相位相序的方式进行改善，还可考虑对下匝道进入路口车辆采取禁止部分转向的方式简化交通组织，减少交通冲突；或通过诱导提醒的方式，提前告知驾驶人匝道拥堵状态，提醒下匝道车辆选择其他出口通行，以均衡路网交通。

大货车集中路口渠化设计

案例简介

货车的起动和制动相比小汽车更慢，且存在变道困难、遮挡信号和行车视野较差等问题，因此货车流量占比较大的路口往往事故多发且通行效率较低。本案例通过拓宽进出口车道、移除实体渠化岛、设置出口加速车道、完善机非隔离设施、增加机动车右转控制相位等措施，有效保障了路口的交通安全，提升了通行效率。

现状及问题分析

湖州市304省道与明珠大道交叉口西侧为升华物流园，南侧为S13练杭高速雷甸出入口，同时304省道又是连接湖州德清与杭州余杭的最主要干线之一。受该交叉口地理位置及通行需求影响，西、南、北三个方向交通流量均较大，且路口大型货车较多，交通运行效率低下，交通事故频发。

现状存在的主要问题包括：

1. 进口车道数不足

路口南进口左转及直行需求都较大，而现状路口仅有2条车道（1条直左车道、1条直右车道），无法满足车辆通行需求（图1、图2）。

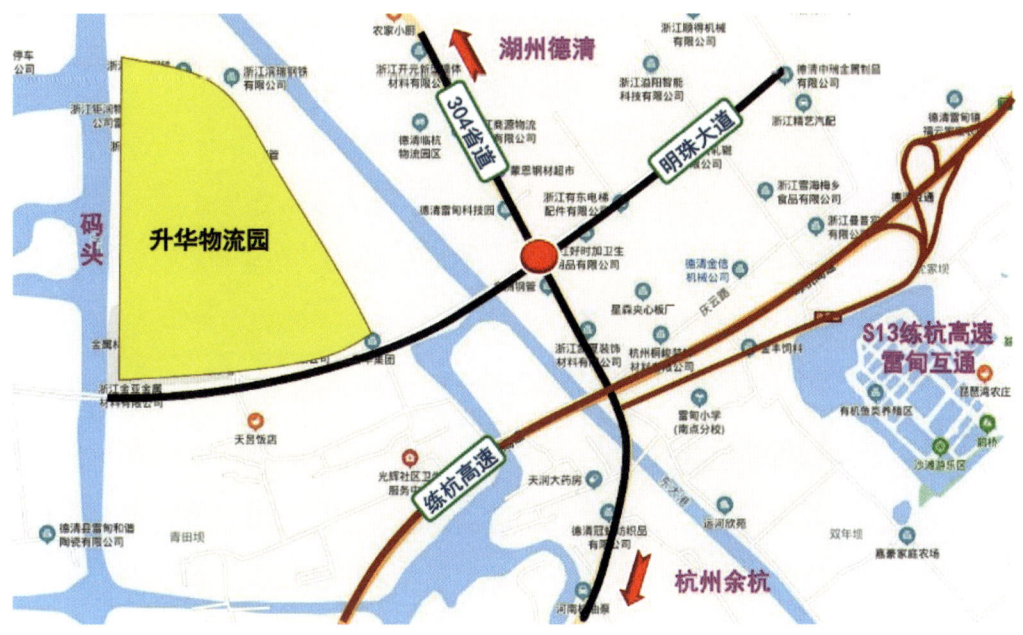

图1　交叉口区位

图 2 交叉口改造前航拍图

2. 路口内绿化三角岛布局不合理

路口现状设有两个绿化三角岛，位于交叉口西南侧及西北侧，设置位置不合理。北进口具备设置 4 条进口车道的宽度，但由于三角岛的阻挡，仅能设置为 3 条车道；同时，三角岛的设置增大了右转机动车转弯半径，诱使车辆快速右转，上下班高峰期极容易与非机动车发生交通事故。

3. 出口道货车合流冲突明显

西进口右转大货车流量较大，北进口右转车辆汇入西出口主线时，与相交道路方向直行车辆冲突明显，严重制约通行效率。

4. 信号放行模式不合理

交叉口为单口放行方式，但非机动车未实行二次过街，直行机动车与左转非机动车冲突严重，存在较大安全隐患。

5. 隔离设施设置不完善

一方面，路口未设置中央隔离设施，且东进口南北两侧 50m 范围内各有一处厂区出入口，出厂车辆在路口范围内直接左转对交叉口通行干扰较大；另一方面，由于缺少机非隔离设施，行驶货车极易与非机动车发生剐蹭事故。

优化思路

> 针对大货车几何尺寸及通行特点，进行路口渠化提升，减小对于路口运行的影响。

> 完善中央隔离、机非隔离设施，防止大货车违法占用车道、随意掉头，减少机非混行。
> 针对左转、右转车流设置专用控制相位，减小单放及右转合流存在的冲突。

优化措施

1. 交叉口展宽，增加进口车道数及排队空间

（1）南进口改造

对交叉口南进口进行渠化展宽，取消中央绿化带及机非绿化带，充分释放路口空间。考虑到南进口左转进入升华物流园区的车流量较大，且以大货车为主，故设置2条左转专用车道；同时，南进口展宽段长度加长至120m，渐变段长度加长至50m，以保证路口足够的排队及换道空间。

在南出口单独设置1条加速车道，使西方向的右转车辆慢慢汇入304省道，减少其与相交道路方向直行车辆的冲突。对展宽后的车行道进行重新分配，形成"4进3出"的布局，进口4条车道为"2左转+1直行+1直右"，出口3条车道最外侧为加速车道（图3）。

图3　南进口展宽、出口加速车道展宽实景图

（2）北进口及三角岛改造

取消交叉口两处绿化三角岛，设置成4条进口车道，为"1左转+2直行+1右转"。南北方向改造完成后，可实现信号灯左转单独放行，减少左转与直行车辆的冲突。

（3）东、西进口改造

移除东进口机非绿化带，增加1条进口车道；调整西进口车道为"2左转+1直行+1直右"。

2. 增设隔离设施

交叉口绿化移除后，同步设置中央隔离栏及机非隔离栏，以保证车辆各行其道，行驶轨迹规范，避免借道右转、随意掉头等违法行为发生，提高路口通行安全性（图4）。

图4 中央隔离、机非隔离实景图

3. 南北向增加左转专用信号灯，西进口增加右转专用信号灯

南北向各增加一组左转方向指示信号灯，调整信号相位为先南北直行，再左转放行的方式。高峰期间对西进口右转车辆进行信号控制，即在相交方向直行放行（图5相位1）以及本向直行放行期间（图5相位3）禁止右转车辆通行，以保证非机动车放行效率及通行安全。

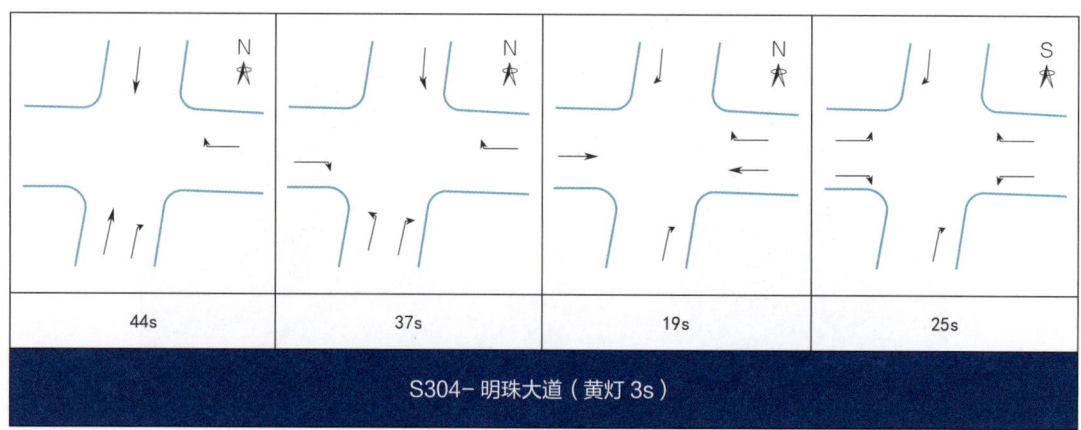

图5 高峰期路口信号配时方案

4. 精细化设置交通标志、标线（图6）

交通标线：路口南进口进行拓宽改造后，左转车辆及直行车辆行驶流线不顺，故增加左转及直行导向线，规范车辆行驶轨迹。路口北进口展宽方式为右侧展宽，左侧第一个车道为左转车道，在交叉口渐变段位置增加"鱼肚"标线，引导直行车辆进入第二、第三车道行驶。

交通标志：完善指路标志、分车道行驶标志、靠右行驶标志、机动车靠左标志、非机动车靠右标志等，便于驾驶人快速选择车道行驶。

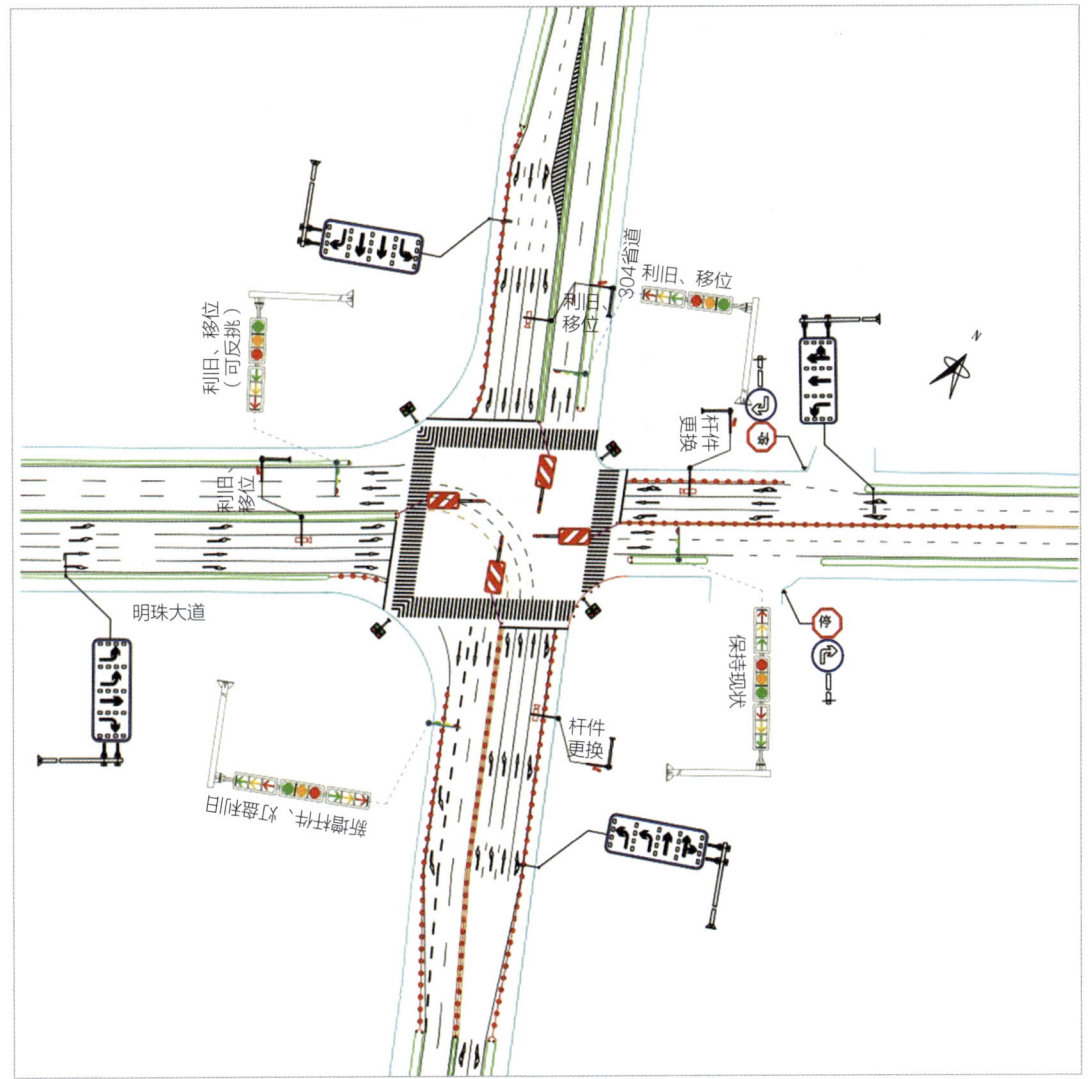

图 6　交通设施布置图

实施效果

方案实施改造后，交叉口交通拥堵情况基本再未发生，通行能力显著提高。路口高峰期进入物流园区方向排队长度由 300m 左右降低到 100m 左右，基本一个信号周期可以清空，304 省道雷甸镇路段的通行效率也得到较大提升，交通事故率明显下降（图 7）。

图 7 改造后航拍图

案例点评

本案例根据交通流量特征优化车道布设、扩大排队空间，设置加速车道减少交织，完善交通设施，设置右转专用相位，有效保障了交通安全，提升了路口的通行能力，对于同类型的路口具有较好的启发性和借鉴意义。

鉴于路口大货车比例较高，可能存在交通信号视认受限的情况，可增设机动车信号灯"辅灯"，进一步提高交通信号的视认性，并在右转区域施划"右转危险区"，以提升慢行交通过街的安全性。此外，要特别注意保障慢行交通安全，通过完善机非隔离、设置警告标志、地面标识等方式提醒大货车按照指定路径行驶，以保证与慢行交通的安全距离，同时提升慢行交通的安全防患意识。

非常规路口综合治理

错位十字交叉口交通组织优化

Y 形路口的环岛化改造

斜交路口的交通安全改善

错位十字交叉口交通组织优化

案例简介

错位十字交叉口多见于城市老城区，因城市规划建设改造等方面因素影响而产生。由于相对的道路进出口有偏差，交叉口内存在冲突区域大、通行流线混乱等情况，易引发交通事故。本案例针对嘉兴市城区的错位十字交叉口，通过改造道路线形、优化交通组织，规范了行车轨迹，缩小了冲突区域，改善了交通秩序，消除了安全隐患。

现状问题及分析

嘉兴市宜城路－湘湖大道交叉口（图1、图2），南北两侧均是嘉城绿都小区，根据道路、河流分为7个苑落，以湘湖大道为界，南侧是春兰苑，北侧是其他6个苑落。宜城路作为北侧苑落的主要进出通道，大量车流在此集散。春兰苑由于东、南侧为河道，西侧是规划快速路，因此小区唯一出入口接入湘湖大道，车辆和行人均由该交叉口进出；宜城路与春兰苑出入口相距约20m，形成了一个错位的十字路口。该路口相位方案为3相位控制，相位1为东西直行、相位2为东西左转、相位3为南北向直行左转，南北错位通道采用的是满屏灯控制（图3）。该交叉口通行秩序差，交通事故频发，且高峰时段路口拥堵、车辆排队溢出。

图1 宜城路－湘湖大道交叉口区位

图 2　宜城路－湘湖大道交叉口优化前实景

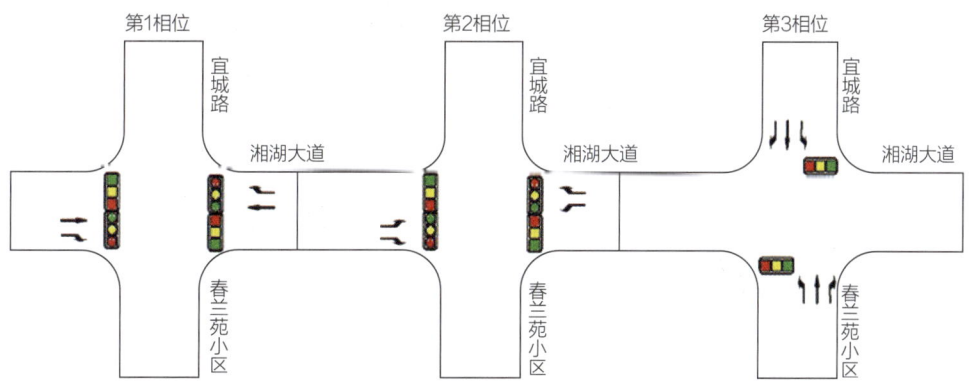

图 3　宜城路－湘湖大道交叉口原相位方案

现状主要问题如下：

1. 错位路口交通组织不合理，冲突点多

该路口是错位十字相交，路口交通渠化不合理，造成南北向的冲突点增多，南北方向信号放行时，路口的机－机、机－非、机－人、非－非、非－人之间的冲突点多达 20 处。同时，路口有一根高压电线杆位于车行轨迹上，南北向左转车流存在安全隐患。由于事故多发，该路口已被定为 2020 年省级道路交通事故多发点段（图 4、图 5）。

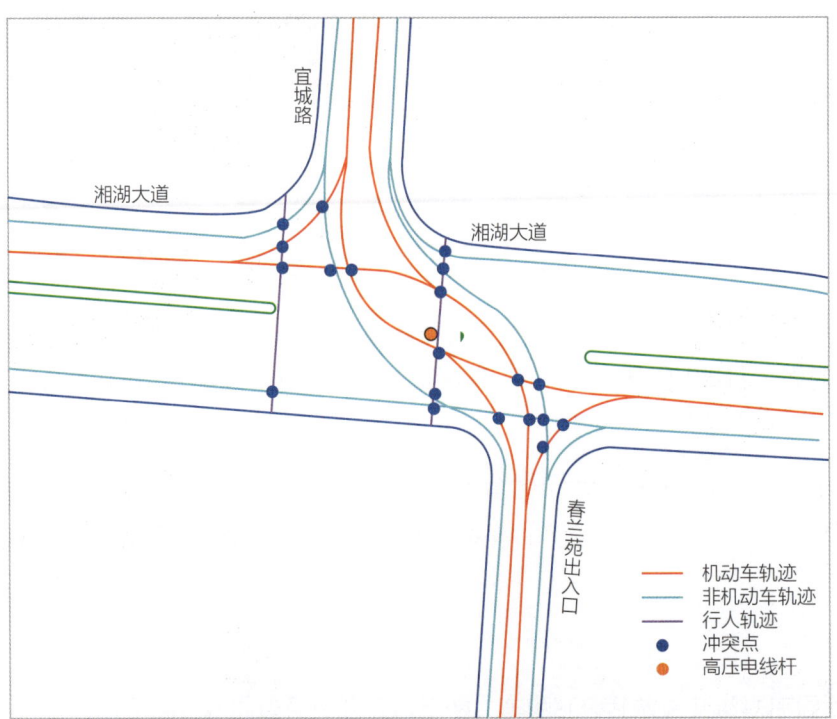

图 4　宜城路－湘湖大道交叉口南北向冲突点情况

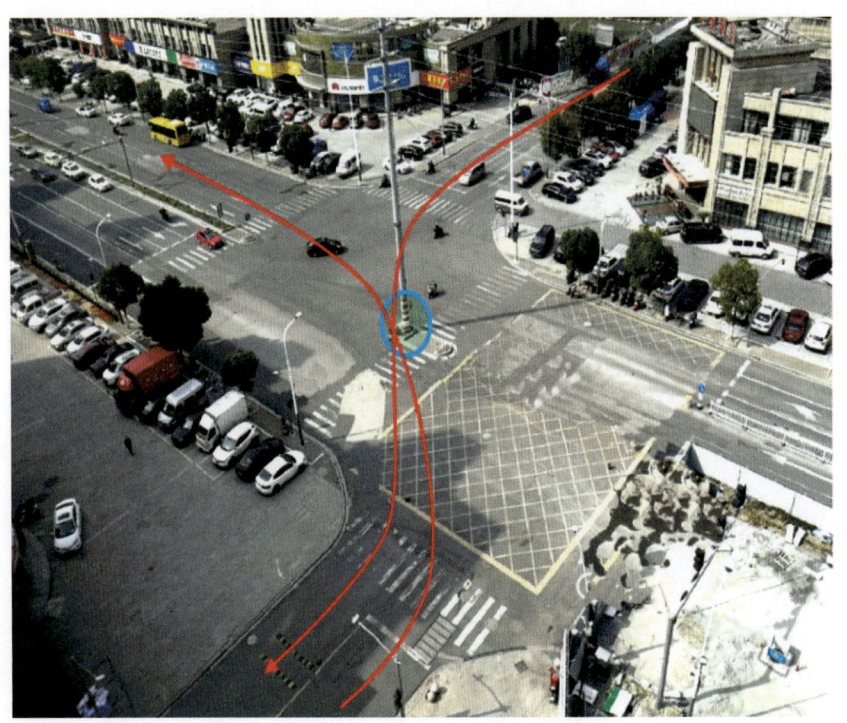

图 5　南北左转车辆受到高压电线杆的干扰

2. 早晚高峰路口流量大，交通冲突严重，通行能力极低

宜城路早高峰北向南右转和南向北左转的流量大，晚高峰湘湖大道西向东左转的流量大、东西向直行流量也较大，错位相交产生的冲突也较严重，通行能力受到较大影响，晚高峰西进口左转排队长度长（图6、图7）。

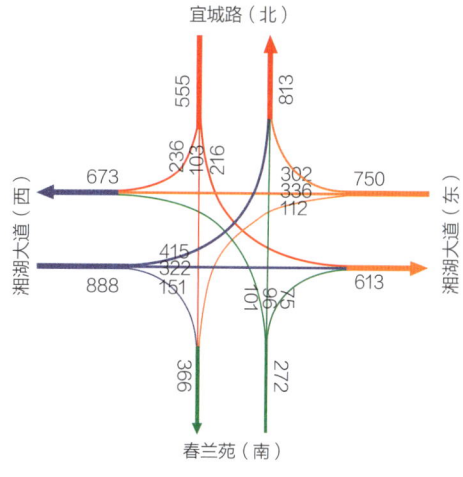 

图6　交叉口晚高峰流量情况　　　　　　图7　晚高峰西进口左转排队

3. 早晚高峰非机动车流量大，与机动车抢道，机非冲突严重

现状路口东西进口道的非机动车道宽度为2.5m，无法满足高峰期间的实际流量需求。非机动车存在越线、挤占机动车道的现象，机非冲突严重（图8）。

图8　路口机非干扰严重

4. 周边人行道停车和小区出入口车辆直接进出路口，对路口的交通影响大

路口周边人行道上均设置了机动车停车位，车辆均由转角处直接进出路口，不受信号灯控制，东北角紫薇苑小区的出入口距离路口较近，车辆进出对路口影响较大，以上交通干扰严重影响该路口的通行秩序，同时也存在安全隐患（图9）。

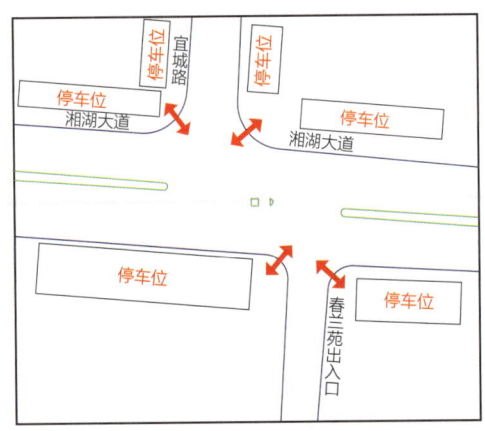

图 9　周边人行道停车直接进出交叉口

优化思路

针对以上隐患问题,将错位路口统筹考虑,从交通组织及安全性协同入手确定优化思路:

➢ 调整现状春兰苑小区出入口线形,优化为标准十字路口。
➢ 采用慢行一体的路口组织形式,为慢行交通提供充足的等候空间,非机动车采用二次过街,减少路口内机非冲突。
➢ 路口进口道及慢行等待区处设置机非隔离设施,减少路口内的机非冲突;右转弯处的设置护栏适当缩小转弯半径,降低机非冲突风险。
➢ 路口人行道上侧路缘石抬高或设置隔离设施,禁止机动车直接由路口上下人行道,重新组织周边交通的进出,减少其对路口的影响。

优化措施

1. 春兰苑出入口线形调整

将现有春兰苑出入口位置向西偏移约 20m,设置一条 12m 的通道接入湘湖大道,渠化为直左车道和出口道(机+非)使用,将现有小区通道缩小至 6m 作为右转车道(机+非)使用,通道之间设置交通岛。调整后的春兰苑出入口与宜城路、湘湖大道形成了标准十字路口,减少路口冲突点,图 10 与图 11 为优化前后对比。

2. 路口慢行一体化设计

对路口进行慢行一体化设计(图 12),将路口东北角、西北角、西南角的机非边线相连合围成慢行等待区,南侧交通岛处作为慢行等待区,非机动车和行人在等候区内等候信号灯过街,为大量慢行交通提供了充足的空间。

在人行横道线外侧设置 4m 的非机动车二次过街通道,非机动车沿通道(双向)过街不驶入路口内部,避免与左转机动车抢道而发生剐蹭。

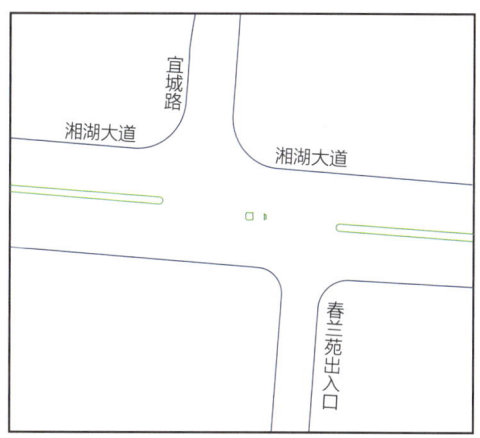
图10 宜城路－湘湖大道路口形式优化前

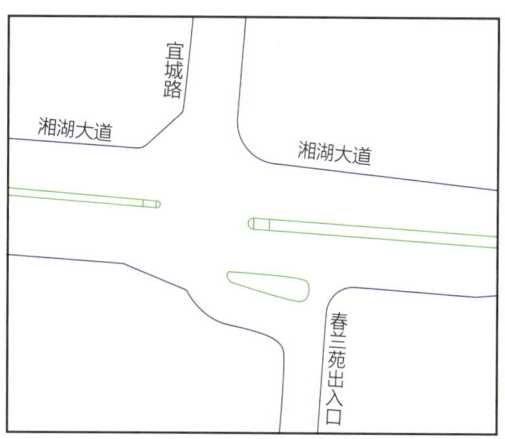
图11 宜城路－湘湖大道路口形式优化后

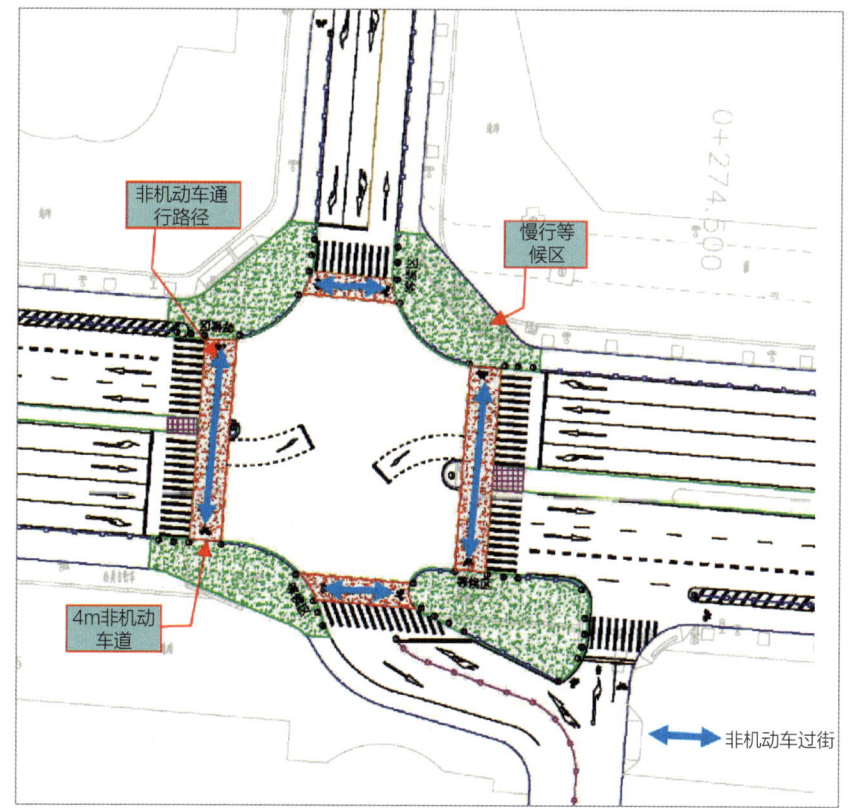
图12 路口慢行一体化设计

3. 优化信号配时方案

制定合理的相位相序方案（图13），最大限度地疏散路口各向交通流：第1相位为东西向直行、非机动车与行人东西通行；第2相位东西向左转、非机动车与行人禁止通行，通过适当提高左转相位信号配时方案增大西进口左转放行时间；第3相位北口放行、非机动车与行人西侧南北通行；第4相位南口放行、非机动车与行人东侧南北通行。

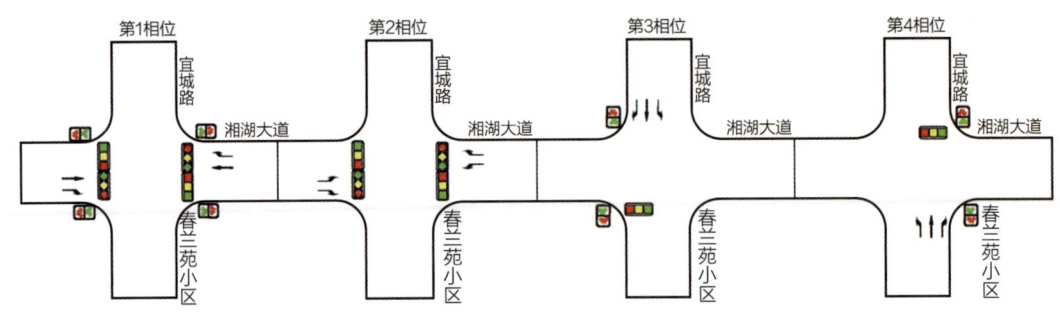

图 13　交叉口改造后相位方案

4. 路口设置机非隔离

路口范围进口道处、慢行一体等候区转弯处均设置机非隔离设施，减少机非干扰，保障慢行交通的安全性。

设置隔离护栏对路口西北角和东北角右转弯进行窄化处理，慢行待行区的隔离设施处的右转弯半径设置为12m，缩小右转弯机动车转弯半径，以降低车速，保障慢行交通的通行安全（图14）。

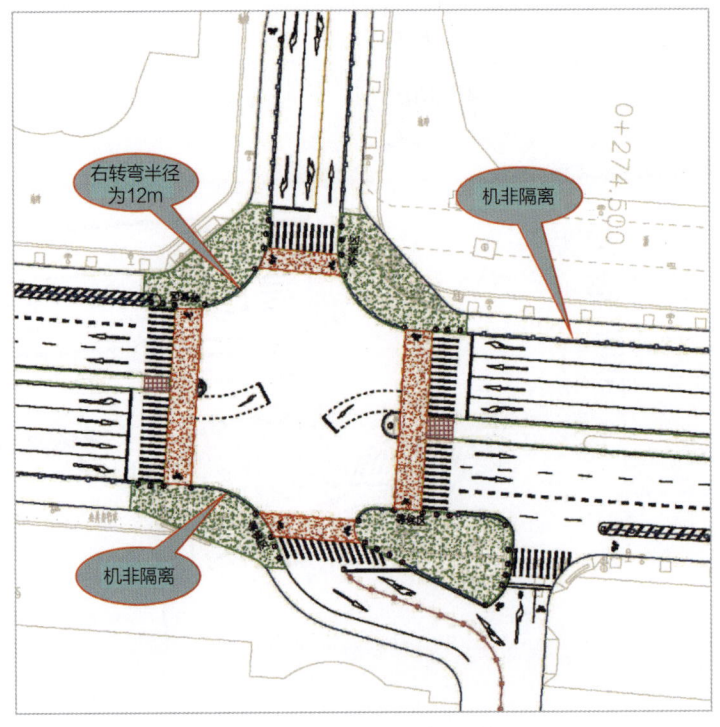

图 14　宜城路-湘湖大道交叉口机非隔离和右转弯窄化设计

路口西南角侧石抬高，禁止机动车由交叉口直接进出人行道，统一由西侧春兰苑消防开口处进出；路口西北角设置了机非隔离，车辆进出由湘湖大道民政局东侧降坡进出；路口东北角设置了机非隔离，原小区出入口移至东侧湘湖大道上；减少路口其他交通对宜城路-湘湖大道路口的交通干扰（图15）。

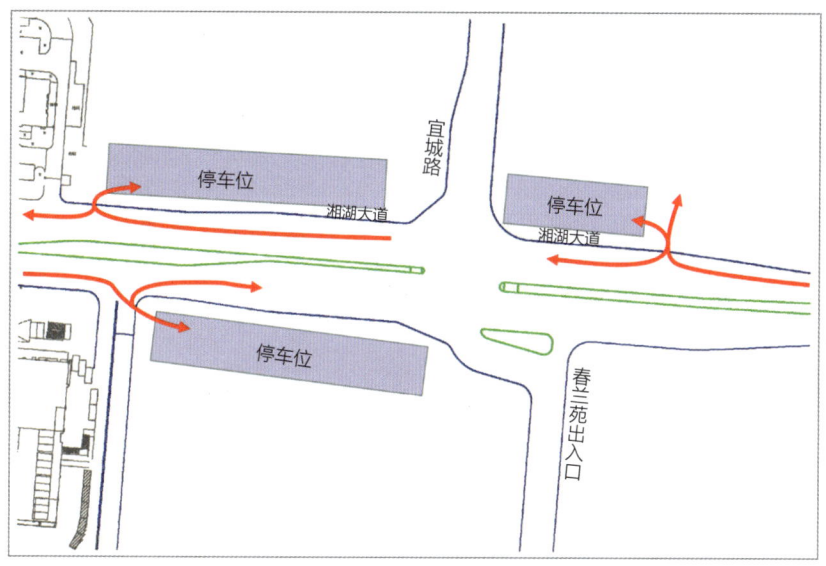

图 15　交叉口周边配套交通组织优化

实施效果

通过路口线形优化、慢行一体设计和设施完善，路口非机动车排队空间得到提升；设置隔离设施，有效分离机动车和慢行交通之间的通行空间，提升了路口内交通流的安全性。合理组织路口周边人行道上停车的交通组织，禁止其直接进出路口，避免了对路口内交通流的干扰。通过合理的相位相序方案，北口放行时路口的冲突点数降至 4 处，南口放行时路口冲突点数降至 1 处，显著地提高了路口南北方向过街的安全性（图 16~ 图 19）。

图 16　交叉口设计效果图

图 17 交叉口实施后实景

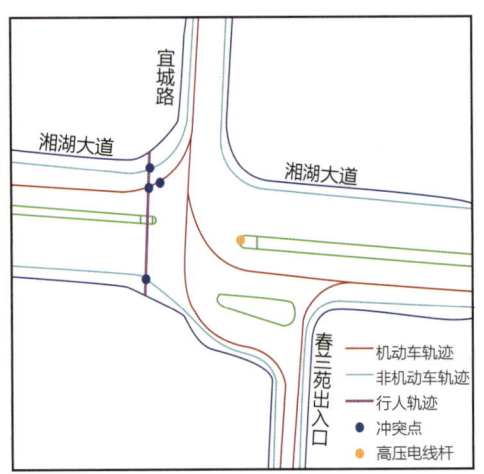

图 18 路口改造后北口放行冲突点示意图

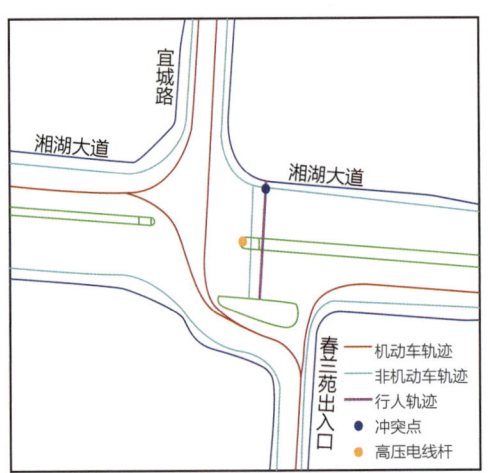

图 19 路口改造后南口放行冲突点示意图

> **案例点评**

　　本案例针对城市道路错位十字交叉口交通流线不畅、冲突区域大等特点，组合运用道路线形改造和交通组织优化措施，双管齐下实现交通秩序改善、交通事故减少的目标。

　　城市道路错位十字交叉口是城市道路交通秩序乱点、事故黑点，也是管理的难点。针对不同形式、不同交通流量状况，常用方法有：当左转进出次要道路方向流量较小时，可将次要道路进口简化为主路出入口，通过设置中央隔离栏实行次要道路"右进右出"管理，左转车辆可通过周边道路绕行；当错位进口距离较远时，可将交叉口视为两个 T 形路口进行处理，分别进行信号灯控制，采用同时长周期，实行协调控制；当左转进出次要道路方向流量较大且错位进口距离较近时，可通过设置渠化岛等方式，调整交叉口线形，尽量将进口方向对正，使车流运行轨迹顺畅。具体的方法，要根据实际情况"对症下药"。

Y 形路口的环岛化改造

案例简介

Y 形交叉口是城市畸形交叉口中的一种，由于其存在车流行驶轨迹复杂、冲突点数量多、信号控制困难等特点，使其交通安全隐患突出，是城市道路交通组织管理的难点和重点。本案例因地制宜，通过工程改造将 Y 形交叉口改为信号灯控制环岛路口，有效减少了车流冲突点，改善了通行秩序，提升了车辆和行人的通行安全。

现状及问题分析

天水市七里墩路口位于天水市秦麦高速入口处，路口所在羲皇大道为通过性道路，过境交通流量大，尤其是大货车较多，周边分布有天河广场、长城中学和菜市场等，慢行交通过街需求大。

路口现状为 Y 形交叉口，内部为三角形景观广场，现状未设置交通信号灯和让行标志标线，通行权不清晰，交通流在三角岛尖角处两侧分流，车流争道冲突明显，事故频发，通行效率低下（图 1）。

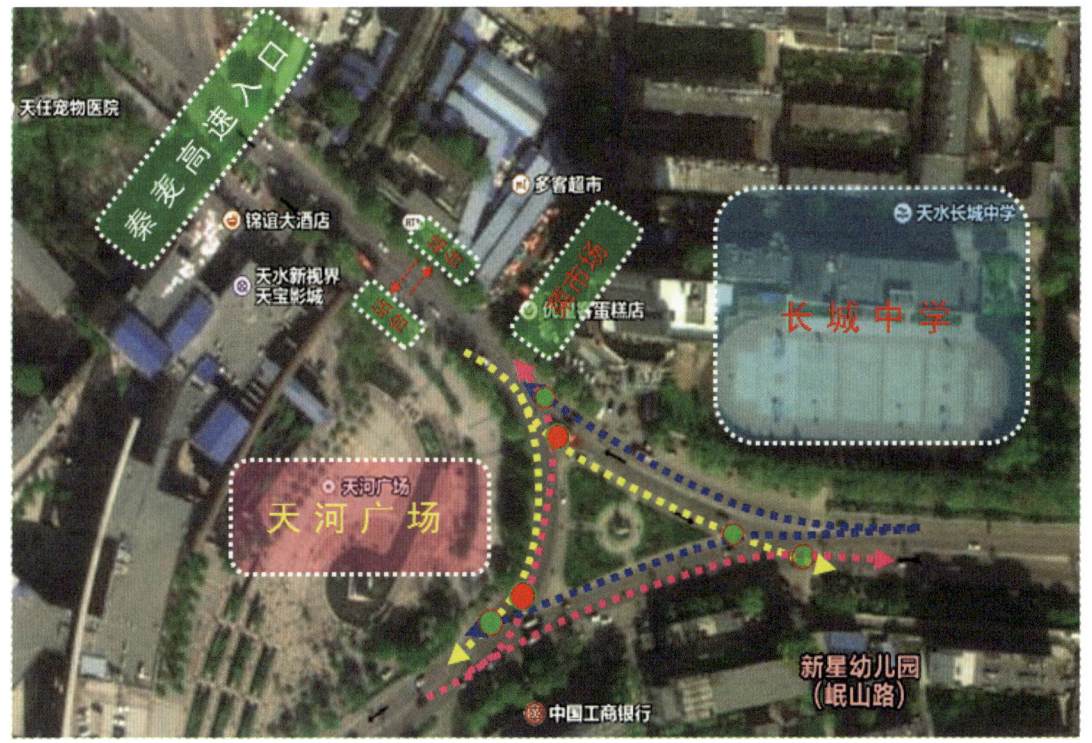

图 1　七里墩 Y 形交叉口区位

现状主要问题如下：

1. 交通冲突严重，存在安全隐患

路口中央设置的城市景观三角岛将路口分割为三个部分，每个进口及对向出口方向车流交织严重，加上路口较大，交通组织混乱，缺乏指引，车辆行驶路径混乱，交通冲突点分散。且外来驾驶人不了解行驶路径，容易产生困惑，大货车行驶车速较快，在交织处经常发生车辆碰撞，由此引发的交通事故每年10余起（图2~图4）。

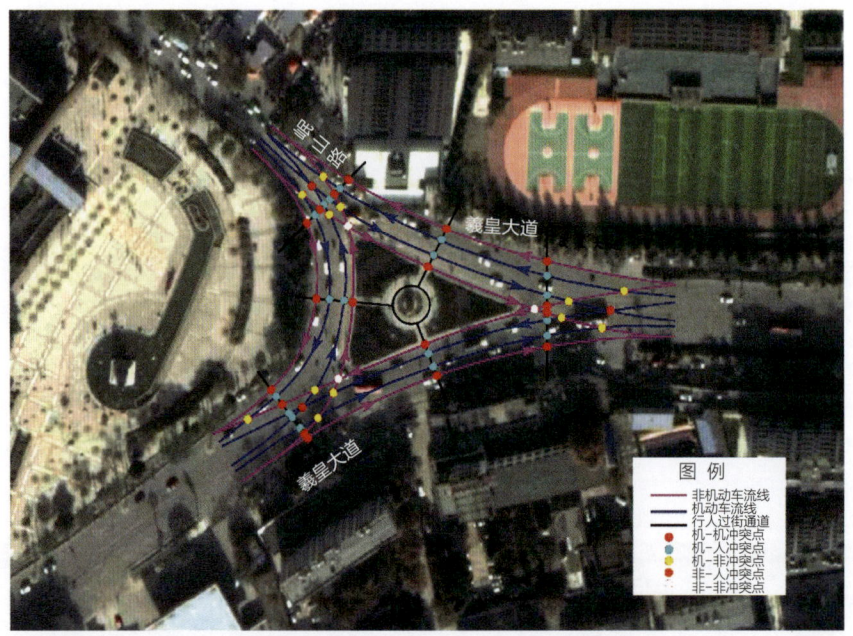

图2　七里墩路口现状交通冲突点示意图

图3　路口车流交织严重

图 4 车辆无指引，随意行驶

2. 行人随意过街现象普遍

人行横道位置远离路口，且岷山路未设置中央隔离栏，在一定程度上诱发了行人随意横穿过街行为的发生，行人通行存在安全隐患（图 5）。

图 5 无人行横道，行人随意横穿

3. 高峰期路口拥堵严重

羲皇大道东段较长距离无信号灯控制，高峰期间大量流量向路口集聚；西侧进出口两侧设置公交站台，相对而设，且未设置为港湾，公交车进出站严重干扰主路通行；路口内存在较大的路权空白区，也间接导致了车辆随意停放，干扰路口通行。上述 3 点原因，加之路口内通行秩序混乱，间接导致路口高峰期发生"锁死"现象（图 6、图 7）。

图 6 羲皇大道东段较长距离无信号控制

图 7 随意停放的车辆干扰主路通行

优化思路

➢ 对路口结构进行改造,明确车流行驶轨迹,提升通行效率;增设信号灯和相应管控设施,明确车辆路权,提升交通安全和通行秩序。
➢ 合理设置慢行过街通道,提升过街便捷性。
➢ 合理设置相应隔离设施,保障行人安全,规范其通行秩序。
➢ 在交通优化的基础上,尽可能保留城市景观,减小工程量。

按照上述思路,设计以下三个优化方案:

◎ 方案一　减少改动，增设信号灯

最大限度保留原有三角岛，通过标线渠化、标志引导明确车辆通行路径优化；在合适位置设置信号灯，减小交通冲突，增加交通安全；与三角景观岛结合，优化慢行过街路径（图8）。

优点：该方案通过完善渠化增设信号灯来优化路口交通组织，改造量小，且与原通行方式类似，便于实施。

缺点：没有从根本上优化通行路径，信号清空时间较长，通过 vissim 仿真分析，路口通行效率改善不大。

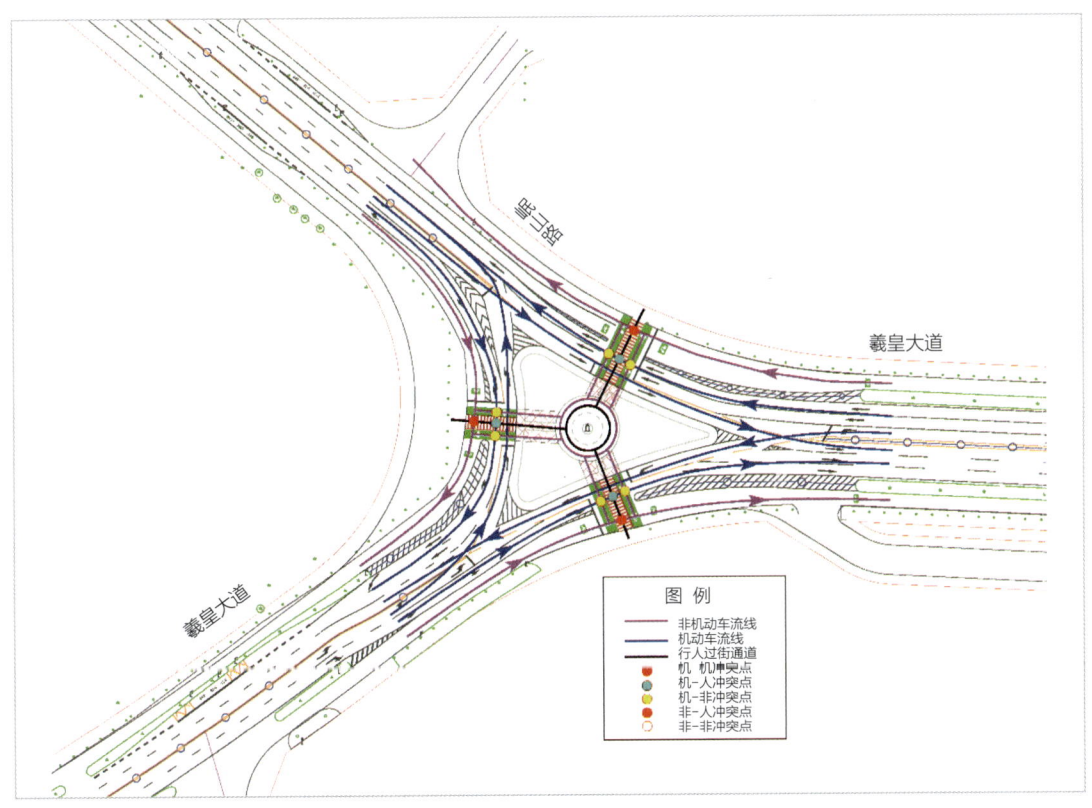

图 8　方案 1 交通流线及冲突点图

◎ 方案二　拆除三角景观岛，改造为常规 T 形路口

拆除中央景观岛，在路口的东南角和西南角设置转角渠化岛，将右转提前分出；停车线前移，提升通行效率；羲皇大道东进口设置行人二次过街安全岛，保障行人安全（图9）。

优点：该方案拆除三角景观岛，大幅缩小了路口面积，将通行路径不明晰的路口改造为典型的 T 形路口，各向车流通行路径明确。由于路口缩小，停车线前移，且慢行交通干扰较小，通行效率大幅提升。通过 vissim 仿真分析，路口通行能力大幅提高。

缺点：改造量巨大，改造周期很长，实施难度较大。

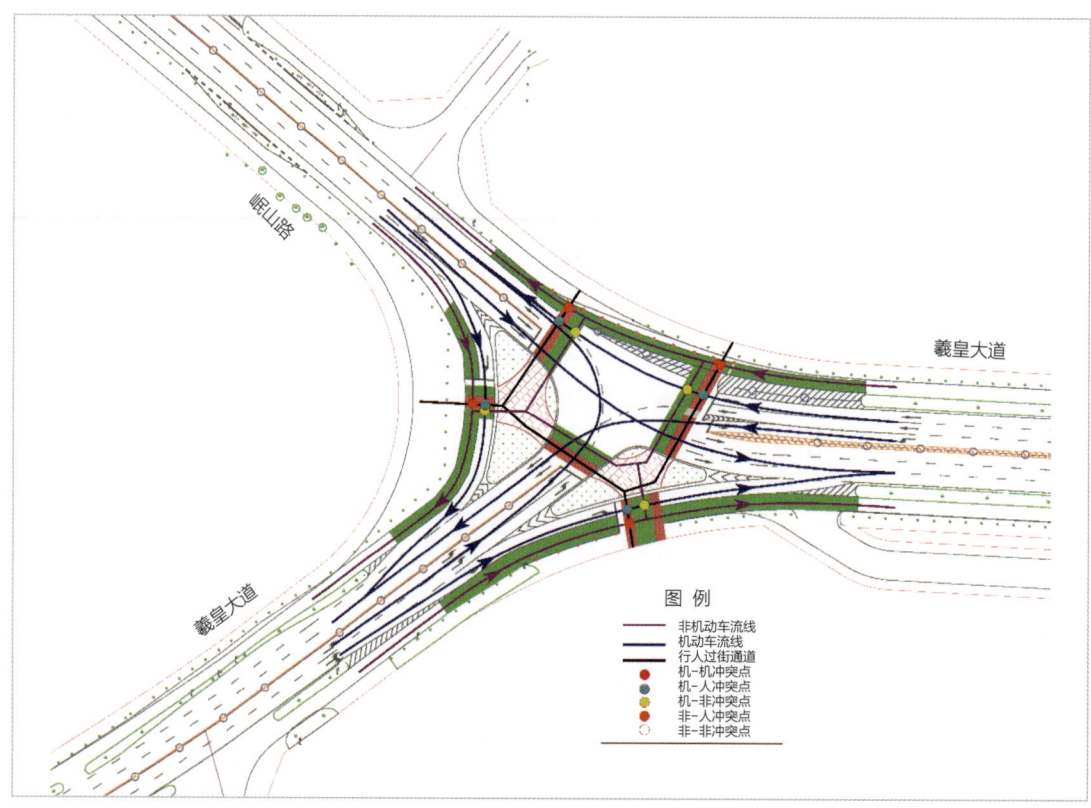

图 9　方案 2 交通流线及冲突点图

◎ 方案三　将路口改造为信号控制环岛

保留三角岛的雕像景观,围绕其将路口改造为环岛,并在进出口设置信号灯,对于进环车流进行控制;结合车流行驶路径和路面情况,在各进口道路处设置行人二次过街安全岛,保障行人过街安全性;右转车流提前分出,减少进入环岛内的车辆数,从而避免过多的交织(图 10)。

优点:该方案通过对三角岛改造,既保留了城市景观,又明确了通行规则,且改造量不大,便于实施。路口面积得到较大的缩小,停车线提前,通行效率提升。慢行通行路径便捷安全。通过 vissim 仿真分析,路口通行能力较方案一有较大幅度提升。

缺点:环岛通行能力与标准 T 形路口相比略微较低。

通过对于交通安全、通行能力、改造难度等因素进行综合比选,确定方案三作为最终的实施方案。

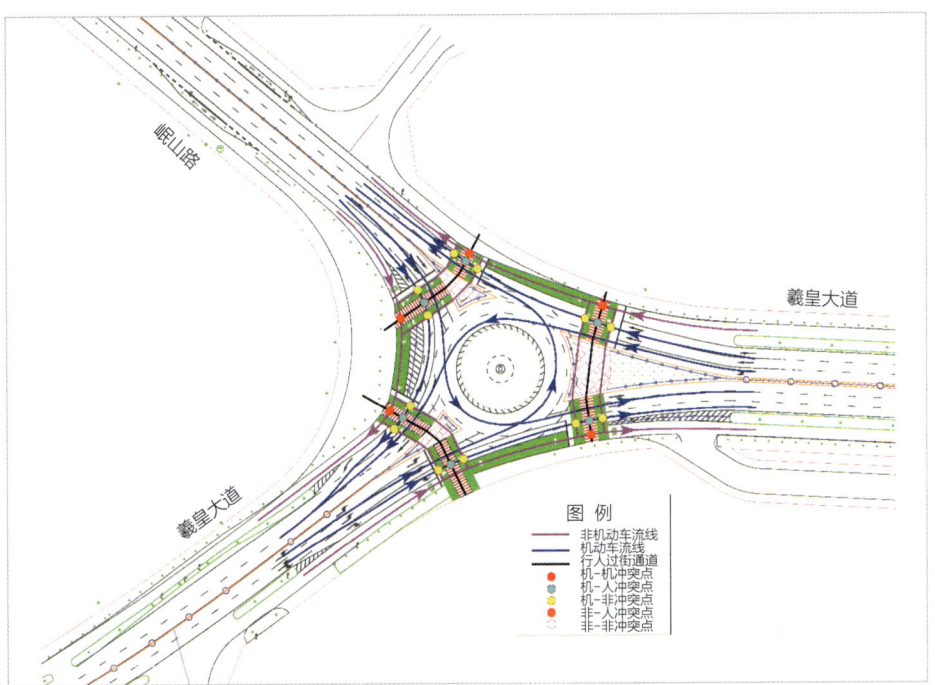

图 10　方案 3 交通流线及冲突点图

优化措施

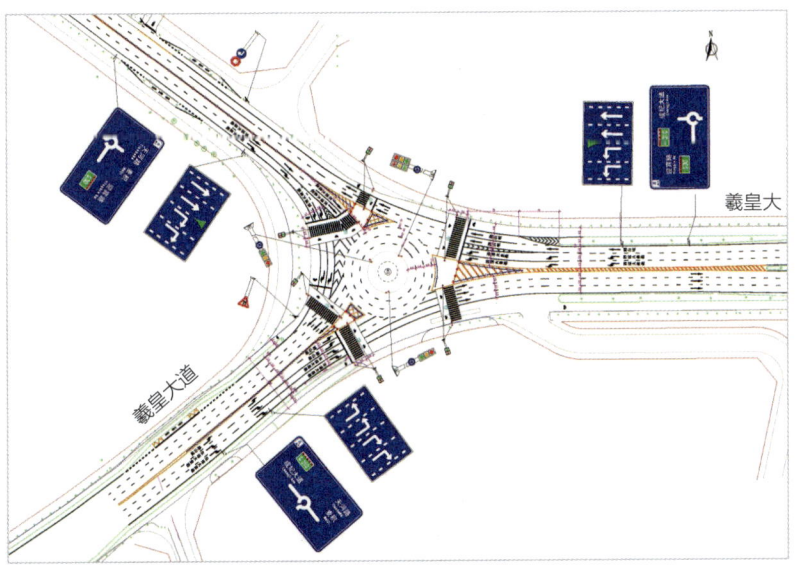

图 11　改造设计方案

1. 改造绿化景观岛为环道

改造中央绿化岛为环形交叉口,并设置 3 个环道,东进口左转、西进口直行、南进口左转绕环道逆时针通行,将直接冲突转为交织,提高车流通行顺畅度,并设置环岛行驶标志(图11)。

2. 右转车辆提前分离

西进口及南进口设置专用右转车道,右转机动车提前分流,不进入环岛,减少车流交织。

3. 设置信号灯控制入环车流

在环岛入口处设置信号灯,进行入环控制,实行顺时针3相位轮放,减小放行清空所需时间及可能存在的交织,提升放行效率。对于新的通行方式,为避免出行者产生困惑,制作了仿真视频,并通过微信平台、当地电视等媒介向出行者展示(图12)。

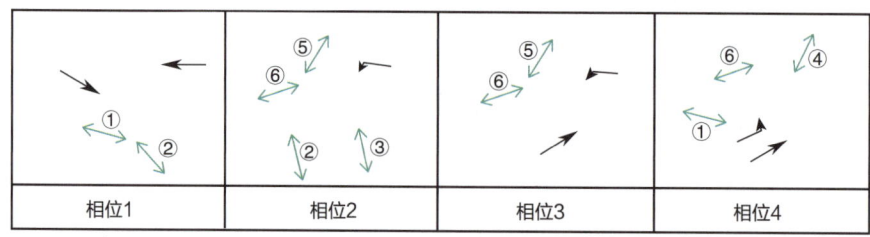

图12　路口放行相位图

4. 慢行交通过街一体化

设置渠化岛及安全岛,同时设置人行横道线,完善人行过街设施,非机动车与行人同流线放行,提高慢行交通的整体安全性。慢行交通施划彩色路面,明确其行径路线,提升警示性,进一步保障慢行交通安全。

5. 完善隔离设施,改造公交站台

西进口岷山路设置中央及机非隔离护栏,禁止机动车随意掉头,保证非机动车与机动车各行其道。改造公交站台为港湾式站台,减少公交进出站对主路交通的干扰。

实施效果

方案实施后,交叉口未发生一起伤人事故,车辆通行安全及行人过街安全都得到大幅提升,根据实地观测,缓堵效果同样显著(图13、图14)。

图13　环岛改造后全景

图14　车辆在环道通行状况

案例点评

本案例针对路口中设有地标雕塑的丫形交叉口，通过局部改造成环岛（保留地标雕塑）、增设交通信号灯、优化交通流线、规范行人过街等组合措施，改善了路口交通秩序、提高了通行效率、提升了车辆和行人通行的安全性。

丫形交叉口是城市建设发展过程中的遗留问题，随着城市道路交通流量的不断增大，慢慢成为交通瓶颈点位，具体表现为通行秩序混乱、安全隐患突出。一般情况下，丫形交叉口的主要改造思路包括：设置渠化岛，停车线前移，压缩路口面积；根据实际需求，进行信号控制，避免直接冲突；路口内设置合理的导向线，引导车流行驶轨迹；优化人行横道及非机动车过街通道，明晰其通行空间。

本案例将丫形路口改造成为环形交叉口，主要是减少改造成本，保留地标建筑物。但是，随着交通流量的不断增大，环形交叉口由于通行能力有限，将成为路网中的交通堵点和事故黑点，从长远发展看必须进行适当的工程改造，尽可能改造成正规的十字或T形路口，并同步实施相应的交通组织优化措施。

斜交路口的交通安全改善

案例简介

斜交路口往往存在视距不佳、路口面积大和路权不够清晰等安全隐患问题。本案例针对两处公路沿线的斜交路口采用了区域交通组织优化，精细化渠化设计、增设信号灯控制等改善措施，明确了车辆行驶路径，消除了交通安全隐患。

案例一　X 形斜交路口

现状及问题分析

X 形斜交路口由城市主干路正阳路、新建路与国道 G102 相交而成，是自驾游去往黑瞎子岛的必经节点，旅游季节流量较大。该交叉口现状为无信号灯控制路口，周边无非机动车及行人过街需求（图 1）。目前主要存在以下问题：

图 1　畸形交叉口区位

1. 渠化粗放，路权不清

路口面积大，交通标志、安全设施缺失严重，缺乏有效的交通组织，导致各进口方向的路权不明确，行车无序，存在很大的安全隐患（图2）。

图2　X形路口优化前航拍图

2. 车辆通过路口时速度快

国道G102与正阳路上缺少限速与警告标志，且现状道路为沥青路面，通行条件较好，导致各方向车辆通过交叉口的车速过快。据现状调研，路口的平均通过车速达到50km/h以上。同时，该交叉口货车通行占比较高，更加大了事故风险。

3. 路口内行车视距受限

一方面受到山体的阻挡，国道G102（抚乌公路）去往黑瞎子岛方向的车辆，通行时视距不佳；另一方面，正阳路由于是上坡，车辆驶入路口时行车视距也受到限制，存在一定的交通安全隐患（图3）。

图3　驾驶人视距受限示意图

优化思路

> 简化路口交通流向,降低路口控制复杂度,并设置合理的区域绕行方案。
> 路口组织精细化提升,合理划分车流行驶路径,从空间上降低碰撞风险。
> 增设信号控制设施,从时间上分离交通冲突点。

优化措施

1. 部分进口道"禁止转向"

新建路进口道禁左,采用远引掉头的方式进行组织。国道 G102 往黑瞎子岛方向进口道禁右,将原有土道改建成右转辅路,使车辆提前右转绕行(图4、图5)。

图 4 新建路进口禁左后交通组织方案

图 5 国道 G102 北口禁右后交通组织方案

2. 路口渠化精细设计

重新对路口进行渠化设计，考虑大型车转弯半径及通行需求，在交叉口内增设两处实体绿化渠化岛，缩小交叉口物理区面积，施划路口导向线，规范各个方向行车流线，明确通行空间，提高路口通行效率（图6）。

图6　X形斜交路口的渠化效果图

3. 增设信号灯，精细划分控制方案及时段

为了明确路权，保障行车安全，在该斜交路口采用信号控制放行方式，共新增交通信号灯8处，并根据渠化设计方案，在路口内设置二次等待区，分离冲突点，明确行车流线（图7、图8）。

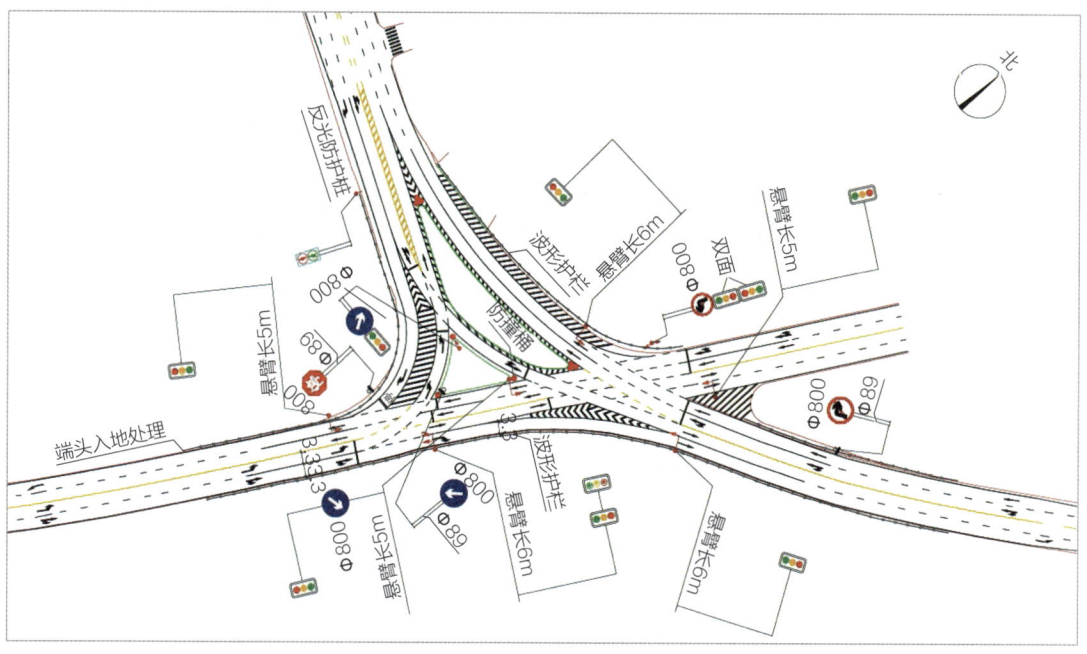

图7　X形斜交路口信号灯设置图

图8 信号灯二次等待区实景照片

因该交叉口无行人与非机动车通行需求,且平常流量不大,采用小周期设置保证路口的高效运转,同时考虑到火车站接送站、早晚高峰、平峰及夜晚时段的不同需求,将全天划分成7个控制时段,并设计5套信号配时方案(图9)。

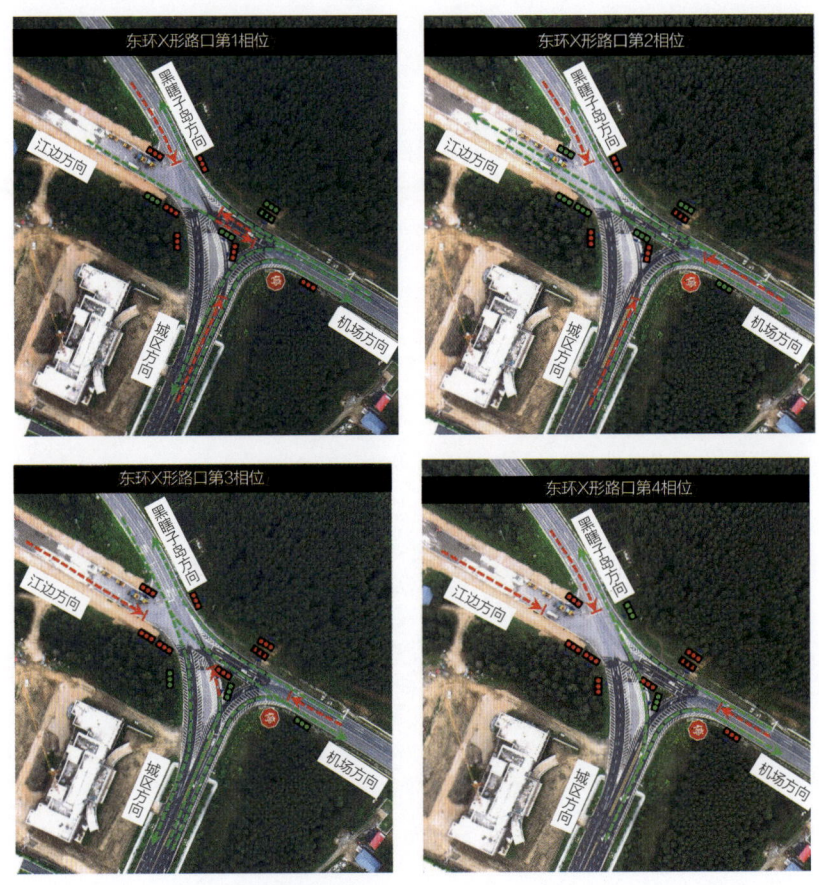

图9 东外环X形斜交路口相位图

4. 制定执法与疏导要点，加强宣传引导

充分利用交警微信、微博公众号及广播电台等媒体，第一时间发布路口改造措施，阐述信号灯设置原因、交通组织规则、行车指南等，充分发挥宣传引导作用，并根据路口通行规则和冲突点的位置，制定执法与疏导要点。

实施效果

通过路口渠化，缩小了交叉口物理区面积，明确了各方向车流的通行路径，避免车辆在交叉口内的无序行驶。通过信号灯设置，分离了路口内各车流的相互冲突，明确路权，降低车辆碰撞事故的发生。通过多时段精细化配时，从时间上深度挖掘路口潜能，大幅提升路口通行效率（图 10）。

改造前

改造后

图 10 实施效果对比

案例二 Y形斜交路口

现状及问题分析

路口位于抚远市城区南 2km 外，由国道 G102 与城市主干路迎宾路交汇而成，相交角度仅为 23°。其中，国道 G102 是主要的货运通道，路口周边均为山区和农业用地，无行人过街与非机动车需求，交叉口以南 20km 处的东极机场是主要的交通吸引源。路口主要存在以下问题：

1. 合流冲突严重，存在较大的事故风险

交叉口内部空间狭长，冲突点集中，在直行与右转车流合流区域有很大的交通安全隐患（图 11）。

2. 线形诱导及道路边界的交通安全设施严重缺失

路口现状标线渠化不合理，影响驾驶人对出口道的判断。其次，迎宾路方向为坡道加急弯，

行车视距受限，现场却未设置线性诱导标。此外，路口范围内存在一处涵洞、一处深坑，高差分别为 8m 和 4m，均未设置有效的安全防护设施，车辆一旦冲出坡外将造成重大的交通安全事故（图 12）。

图 11　路口车流冲突区域示意图

图 12　路口安全隐患点示意图

3. 道路无照明设施，货车夜间通行存在较大安全隐患

迎宾路是贯穿整个抚远城区的重要干路，6：00—22：00 禁止货车通行，因此城区货运需求多集中在夜间。但该路口现状并未设置照明设施，且路口转弯半径不足，3 年内已发生 5 起由货车引起的交通事故（图 13）。

图 13　抚远市货运通行管理示意图

优化思路

- ➤ 针对某些行驶困难的转向实行禁限行,并通过附近道路完成转向通行。
- ➤ 路口渠化提升、增设信号控制,时空同步优化,减小交通冲突。
- ➤ 增设完善交通安全设施,提升路口的安全性。

优化措施

1. 小夹角进口道禁止机动车左转

由于Y形斜交路口相交角度仅为23°,致使路口内转弯半径严重不足,采取对迎宾路方向禁左的管理手段,简化流向,提高通行效率。禁行车辆可由正阳街绕行,更加快捷方便;其次,加大右转弯半径,满足货车的通行空间,并增设右转信号灯进行控制,确保车辆的通行安全(图14)。

图14 Y形交叉口交通组织图

2. 设置右转专用信号灯,分离右转与直行交通冲突

共设置5组信号灯,其中外环路(南)去往迎宾路方向,配合路口内渠化,设置2组停止线,并增设右转信号灯分离外环路(北)右转的冲突,保障各相位车辆安全行驶(图15)。

图15 Y形交叉口信号灯位置示意图

配时方案采用3相位的放行方式，完全分离各冲突点，并考虑外环路(南)机场的接送需求、早晚高峰的流量变化，设计了多时段配时方案（图16）。

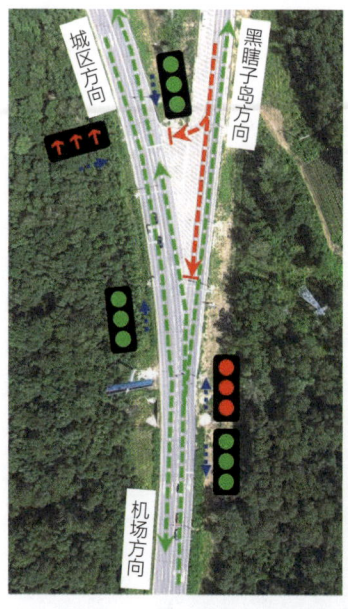 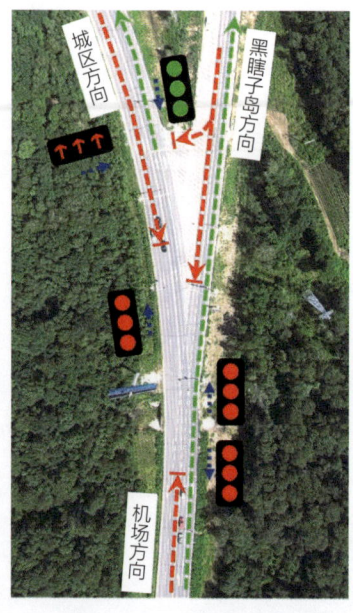 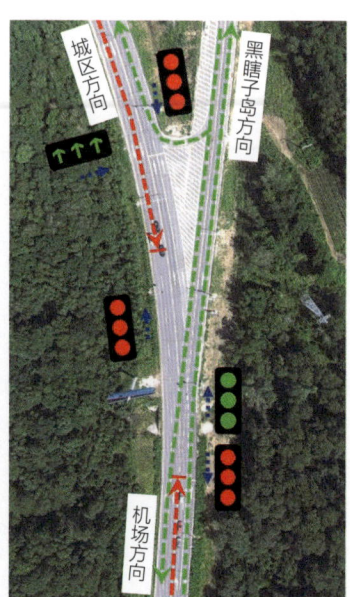

图16　Y形交叉口信号相位图

3. 增设交通安全设施

为了防止车辆追尾，提前辨识信号灯路口，分别在三个方向的进口道设置2组注意信号灯标志警告标志，并配合减速振荡标线。其次，在涵洞、深坑等存在高差的交通安全隐患点处，完善波形防撞护栏，防止车辆坠入。最后，针对迎宾路上坡急弯设置线性诱导标，提高弯道的辨识度（图17）。

图17　交叉口安全设施位置方案

斜交路口的交通安全改善

实施效果

通过渠化设计及信号控制，有效分离车流冲突，提升了路口交通安全与通行效率；完善路口内相关交通安全设施，大大减少了交通伤亡事故的发生（图18）。

改造前

改造后

图18 实施效果对比

案例点评

本案例充分分析了路口的几何结构及所处区位的交通流量特征，通过流向禁限、精细渠化设计、合理设置信号灯、完善交通安全设施等手段对交叉口进行综合交通改善，有效地提升了交通安全。

一般情况下，斜交路口的行驶方向不明确，所需要的反应预判时间较长。因此，本案例可提前设置指路标志进行指引，并同步在路面上进行标识，以减少车辆到路口的反应时间。此外，对于设置禁止转向交通管理措施的路口，应提前设置预告标志，告知驾驶人提前通过其他道路绕行。

　　本案例提供的改善思路对于同类型的路口具有一定的启示性。案例中的两个路口为公路路口，慢行交通占比较少，大货车流量占比相对较高，决定了改善目标主要是以明确车辆行驶路径，保障交通安全为主。如果在城市道路中，此类路口在进行改善的时候，需同步考虑路口所在区域功能性质，综合考虑机动车、慢行交通的出行特征，来确定路口的主要矛盾和首要改善目标，制定有针对性的改善措施。

小间距连续路口通行管控

信号路口"一机多岗"控制

沿河路及跨河桥片区交通拥堵改善

桥梁施工区域交通组织

双畸形路口交通组织优化

信号路口"一机多岗"控制

案例简介

"一机多岗"就是用一台信号机统一控制多个路口,一般用于两个或多个距离很近、信号灯协调控制要求较高的路口。本案例采用主流向搭接放行、路段车流清空、行人信号早断、机动车信号迟启等措施优化"一机多岗"信号控制,路口整体通行效率有所提高,关键拥堵进口排队长度大幅缩短。

优化思路

"一机多岗"路口一般为多个近距离协调联动控制岗的组合,一般定义最初的那个交叉口或者流向最复杂的交叉口为主岗,其他为副岗(图1)。其主要特点有:1)路口间距短,停车次数多;2)车辆排队空间有限,容易发现排队溢出,甚至发生"死锁"现象;3)车辆变道困难等。

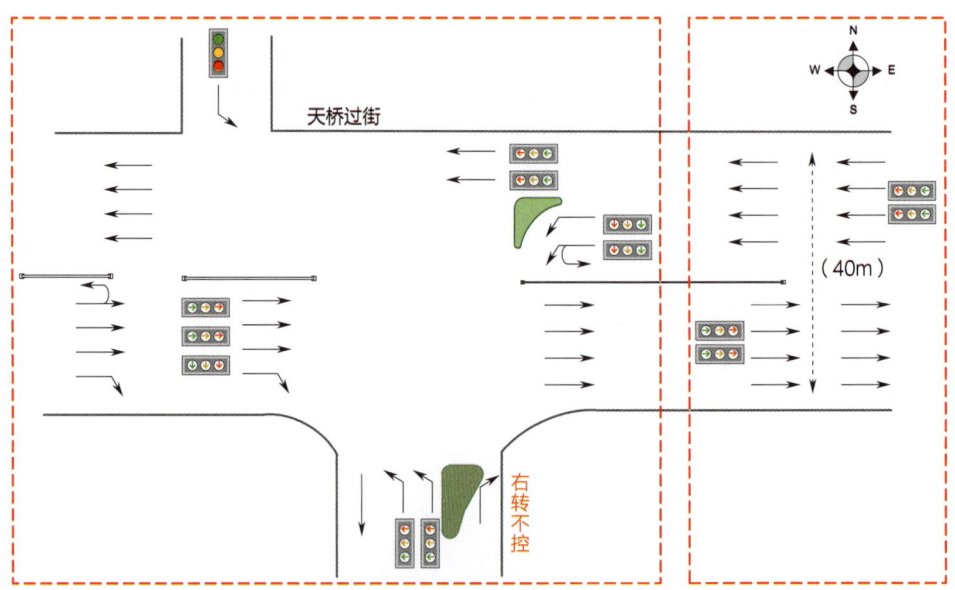

图1 多路口协调联动控制岗实例(主岗十字路口+副岗行人过街路口)

在处理"一机多岗"路口控制时,一般将多个路口当作统一路口进行整体考虑优化,主要优化思路如下:

- ➢ 合理设置相位,保证相位放行不冲突。
- ➢ 放行时长考虑排队空间,确保排队车辆不溢出。
- ➢ 兼顾机动车及行人通行需求。

案例一 "一机两岗"路口

现状及问题分析

广州市天府路－东方一路路口位于天河区，北接中山大道，南连黄埔大道，四周为住宅区，早晚高峰交通需求大；中山大道－邮电学院路口是中山大道路段的一个信号路口。由于两路口距离较近，中山大道－天府路路口有地铁施工，对该两路口造成较大影响，考虑将中山大道－邮电学院路口（简称A1路口）、天府路－东方一路路口（简称A2路口）采用"一机两岗"的控制方式，加快车流疏散，避免在中山大道及天府路产生车辆积压（图2）。

图2 中山大道－邮电学院、天府路－东方一路等路口位置

优化步骤

1. 确定路口基础信息

明确路口渠化、信号灯组设置等基础信息，以便开展信号配时方案设计。

2. "先主后副"设计方案

由于天府路－东方一路路口进口道多、流向相对复杂，需要相位较多，故将天府路－东方一路（T形路口）定为主岗，中山大道－邮电学院路口定为副岗（图3）。

3. 确定主岗放行方案

先将主岗路口作为单个路口开展信号运行方案设计，配合信号控制需要，南进口采取禁左措施（图4）。

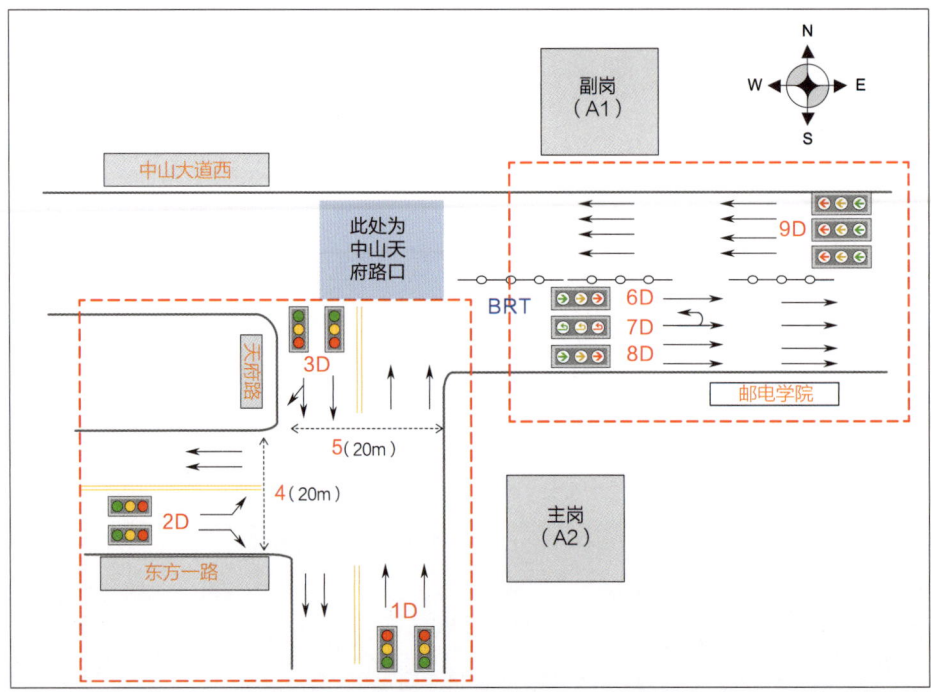

图 3 中山大道-天府路及 A1、A2 等路口渠化图

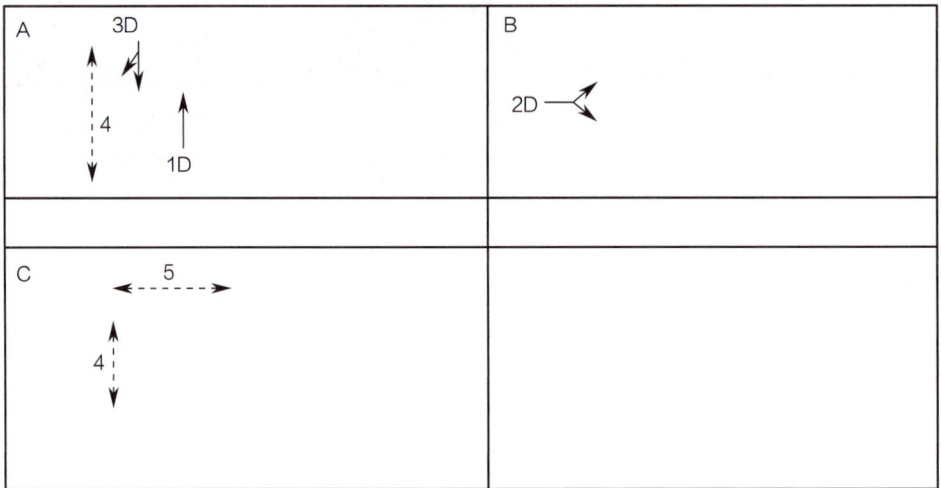

图 4 天府路-东方一路（A2）信号方案运行图

4. 添加副岗运行方案

从主岗各相位配时出发，兼顾副岗各流向通行需求，确定主、副岗整体相位形式。如在主岗 A 相位内，副岗对应相位所需绿灯时间与主岗基本一致，则可确定最终主副岗相位，其他相位以此类推。另外，需要兼顾两个路口间的车辆清空问题，例如 A 相位中 1D 与 6D、8D 的配合使南侧车流快速向东侧疏散，9D 配合 3D 使东侧车流快速向南侧疏散（图 5）。

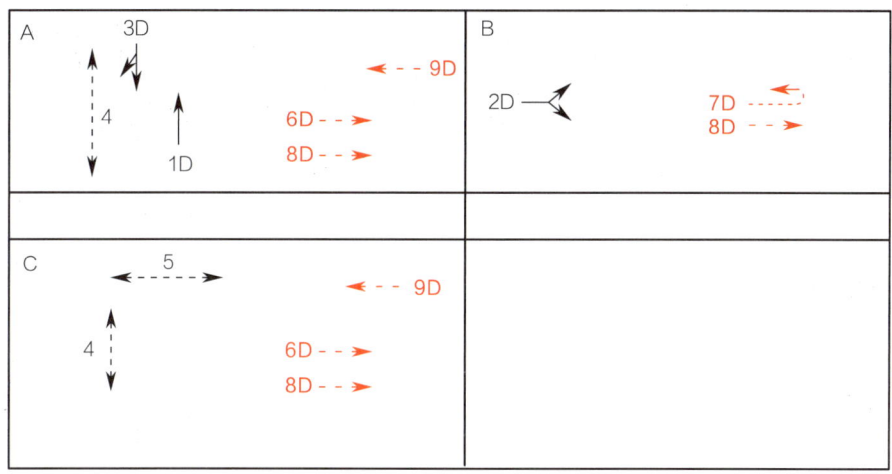

图 5　中山大道 – 邮电学院（A1）、天府路 – 东方一路（A2）路口信号方案运行图

5. 方案优化调整

完成方案设计后实施，根据路口实际控制需求对方案进行微调。

实施效果

"一机两岗"方案实施后，在地铁施工期间，中山大道西往东整体行车速度小幅下降。但是，在午平峰（11:00—14:00）和夜间低峰（0:00—7:00）时段，西往东直行车速度比施工前还有所提高，即在信号控制方案合理设置后，降低甚至消除了地铁施工对路段通行的影响。

案例二　"一机三岗"路口

现状及问题分析

广州市泰康路 – 侨光路口位于海珠区，南接海珠桥，北连起义路（图6）。改造前，海珠广场周边只有泰康路 – 侨光路口的 T 形路口为信号灯控制，海珠广场环岛采用无信号控制方式。因海珠广场及周边地区改造升级，增加了起义路、下桥位置的信号灯控制，保障人车通行安全。原来的"一机一岗"变成现在的"一机三岗"（图7），需要重新设计信号控制方案。同时，通过充分调研环岛的承载能力及绕行路线，现状采取了禁止环岛西往东方向行驶的措施。该路口的主要流向为南往北、南往东、西往南。早高峰期间，由海珠区跨江进入越秀区内的车流量大，导致南进口车辆排队较长，相对其他进口拥堵严重，晚高峰则相反，呈现交通流潮汐特性（图8）。通过某大数据城市大脑平台，优化前海珠桥南往北方向平均拥堵指数最高可达 1.62，平均速度为 36km/h。

图6 广州越秀区海珠广场（改造后）

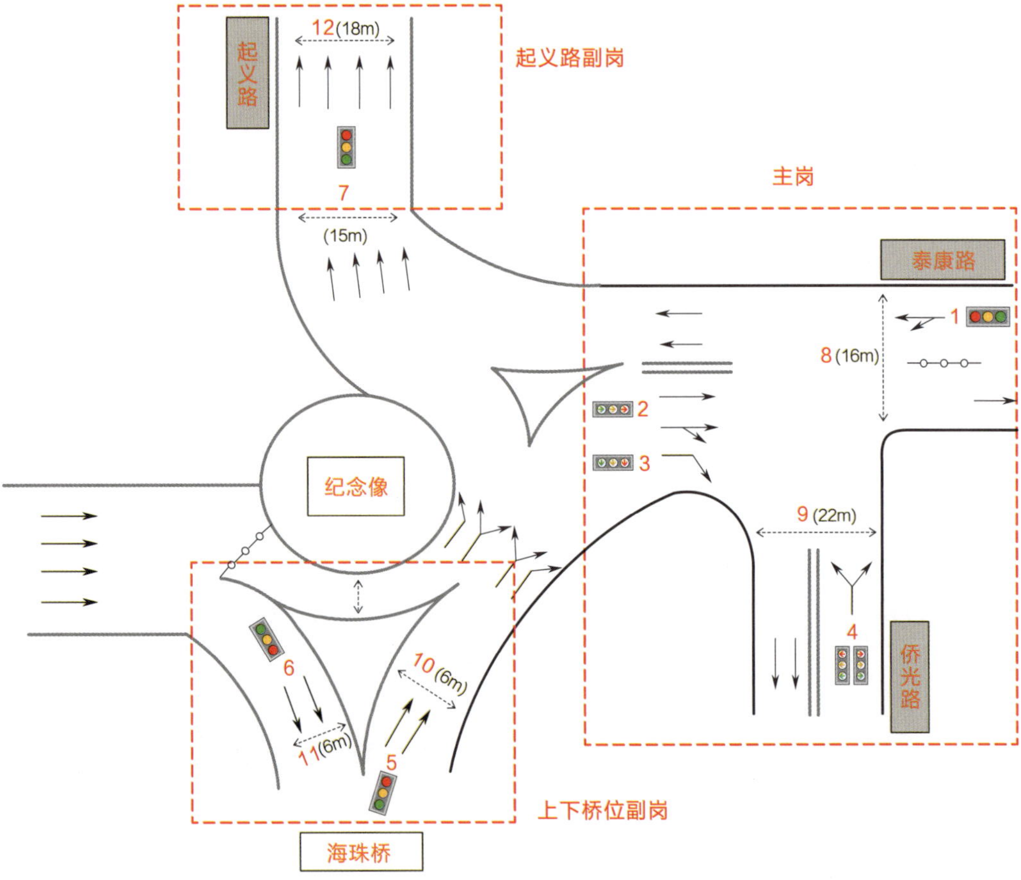

图7 泰康路－侨光路口渠化示意图（一机三岗）

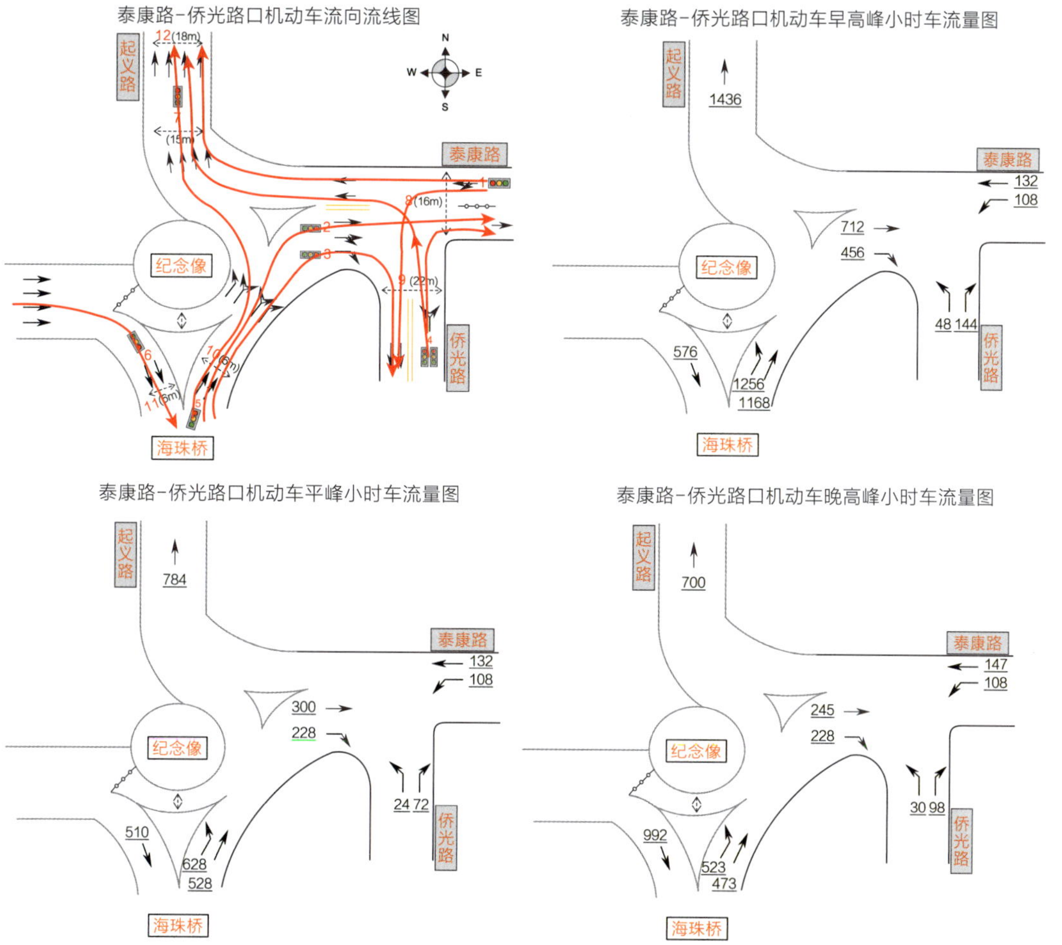

信号路口"一机多岗"控制

图8 泰康路－侨光路口车流流向及各时段车流量示意图

优化步骤

1. 确定主岗及相位方案

首先确定泰康路－侨光路为主岗，该路口西进口现状有右转方向指示信号灯，对右转车辆进行单独控制，东进口左转和直行同时放行，同时考虑行人过街需求，单独设置行人过街相位（图9）。

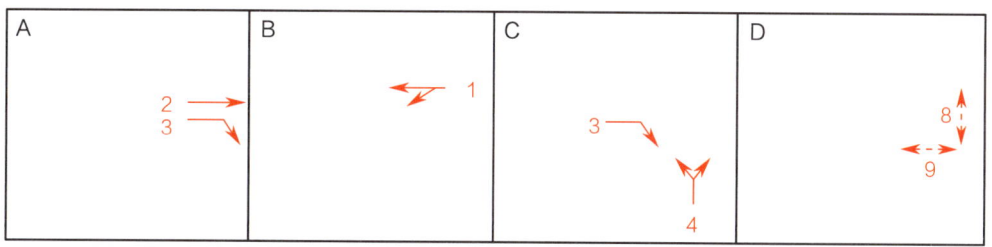

图9 泰康路－侨光路口主岗相位

2. 加入副岗灯组

主要考虑以下两点：①保证主副岗车流的连续性，车辆通过第一条停止线后，尽量保证其能通过最后一条停止线，降低停车次数（连续车流：A 相位 SG5→SG3/SG5→SG2/SG5→SG7；B 相位 SG1→SG7；C 相位 SG5→SG3/SG5→SG7）；②分离人车冲突。主副岗行人过街设置行人专用相位，同时放行（图 10）。

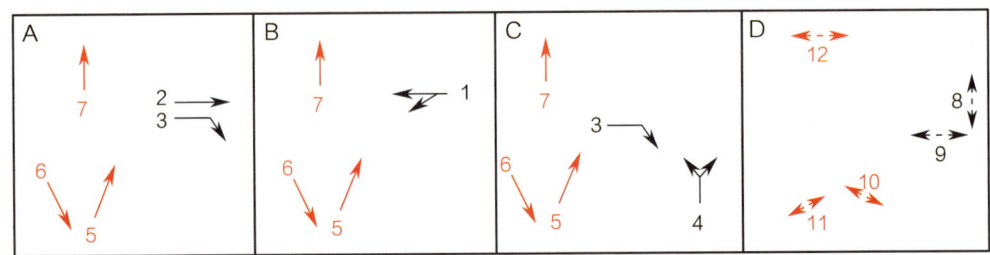

图 10 "一机三岗"路口整体相位初步方案

3. 充分考虑不同类型交通需求调整相位

该路口上下桥位置特殊、车流量大，机动车红灯等待时间不宜过长；路口附近为江边小公园，行人流量不大、人行横道线长度较短且行人不会一次性到达，但每个周期都有过街需求，行人等待时间也不宜过长。

故采用行人灯组早断后机动车灯组迟启（在相位开始时行人开始绿灯，10~15s 后行人红灯、机动车绿灯）的控制方式，即将主副岗停止线之间的距离作为排队空间，当作"蓄车区域"，车辆利用时间差在此区域停车等候，提高空间利用率。

A 相位中先放 SG5，车流在到达 SG7 之前先放行 SG12 行人过街，利用 10~15s 时间"蓄车"；B 相位主要放行 SG1 连续到 SG7，清空 SG7 位置排队的机动车，待 SG10 结束后再放行 SG5，放行的车流继续在 SG7/SG3 位置"蓄车"；C 相位放 SG5 连续到 SG3。D 相位清空 SG7，依次循环放行，既减少了行人及机动车红灯等待时间，也使每股车流得到连续的放行，提高通行效率（图 11）。

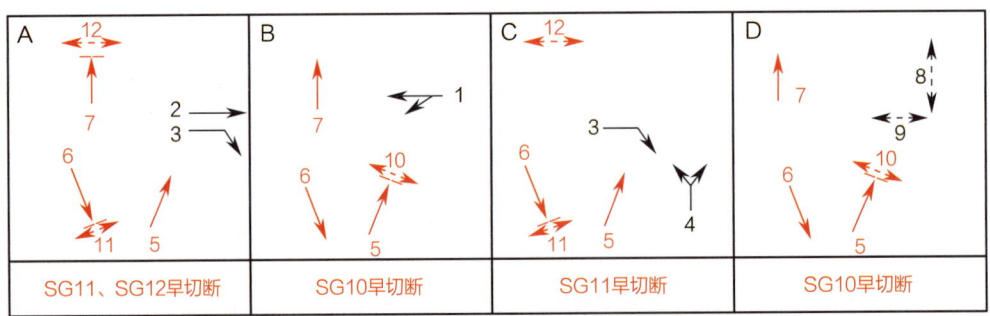

图 11 "一机三岗"路口调整后整体相位设计

4. 考虑特殊任务需求设置相位预案

根据特殊要求，如警卫任务、迎春花市期间方案、上下学方案、潮汐车流方案等特定场景，增加南往北方向机动车全放的备用相位，用于高峰时段快速疏散海珠桥往越秀区车流，按需调用（图12）。

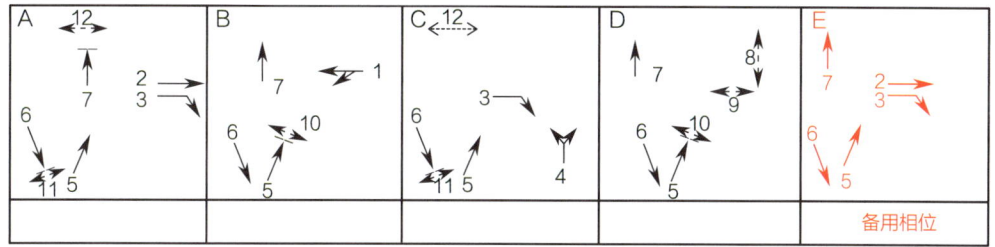

图 12 "一机三岗"路口备用相位

5. 各相位合理配时

相位配时上重点考虑"蓄车"区域机动车清空，利用相位配时的时间差，达到协调效果，减少停车次数（图13）。

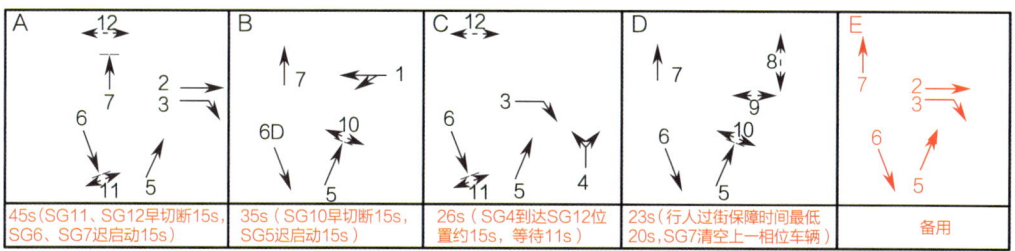

图 13 "一机三岗"某时段相位配时设计

实施效果

优化后泰康路－侨光路及海珠广场环岛路口通行效率都有所提高，尤其早高峰南进口海珠桥拥堵缓解最为明显，且排队长度有所缩短（图14）。通过某大数据平台分析显示，优化后路口南往北最高平均拥堵指数由优化前的1.62降低至1.29（图15）。

a）优化前　　　　　　　　　　　　　　b）优化后

图 14 泰康路－侨光路口早高峰优化前后南进口排队情况对比

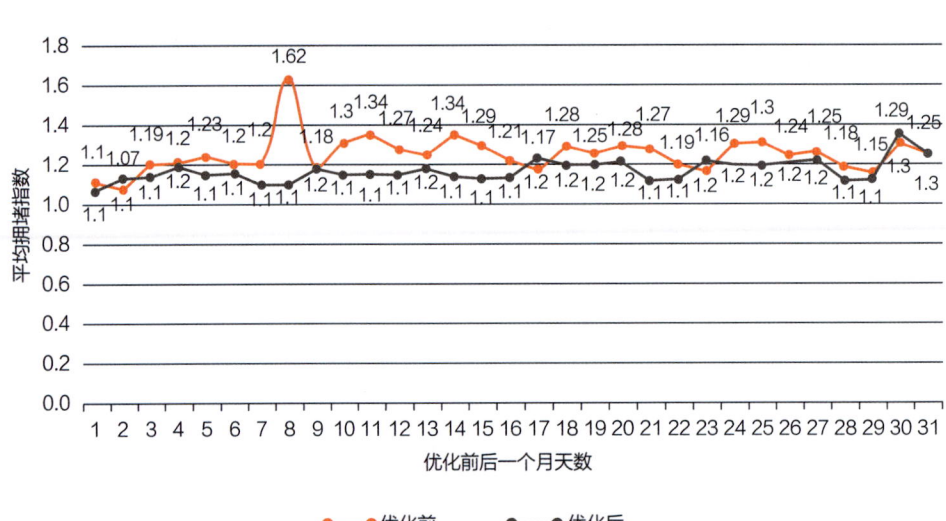

图 15 泰康路－侨光路口优化后南往北平均拥堵指数

案例点评

本案例介绍了两种不同特点的"一机多岗"路口信号控制方案的优化。案例一首先对主岗T形路口进行常规信号配时方案设计,副岗路口为简单的主路直行加掉头两相位,按照车辆连续通行、清空以及主要相位放行搭配的原则,完成最终的信控方案。案例二为"一机三岗"路口,车辆流向多且复杂,相位设计须更加注重各方向车流放行的搭配,避免各道路连接段车辆发生排队溢出;通过设计行人信号早断、机动车信号迟启的控制方式,充分利用各路口间距,形成不停车连续通行的效果,减少行人过街等待时间,降低交通延误,提高通行效率。

"一机多岗"路口由于其固有的短间距特性,在相位设计上,应把它先看作单独的个体,聚焦流量较大、流向较复杂的关键路口进行相位设计,而后加入其他路口进行统一组合,考虑各路口特点,分步设计相位方案,最后根据机动车及行人过街需求调整得到整体的相位相序设计及配时方案。

沿河路及跨河桥片区交通拥堵改善

案例简介

因河流、湖泊等自然因素分隔原因，跨河桥梁成为联系不同片区的关键通道，承载了大量的通勤交通，与其相连接的沿河路以及周边片区容易成为城市交通堵点。本案例通过设置潮汐车道、优化下桥通行路径、合理设置单行道等措施，满足潮汐交通通行需求，减少车流交织冲突，有效缓解跨河桥梁沿河周边片区交通拥堵问题。

现状及问题分析

大理市下关城区东西向道路以滨海大道为主，南北向以三座过河大桥为主要交通纽带（图1）。其中，兴盛桥作为最主要的交通要道，承载着南北向60%的交通量，但由于兴盛桥上下桥匝道短窄，早晚高峰极易造成匝道口及周边路口拥堵。

图1 兴盛桥片区概况

1. 滨海大道沿线潮汐明显、供需失衡

下关城区工作区和居住区分离，早高峰西向东出城方向（从居住区前往工作区）车流量极大，晚高峰反之，交通流存在明显潮汐特性，滨海大道高峰通勤压力巨大。

2. 早高峰兴盛桥下匝道车流冲突严重、排队溢出

早高峰大量车流由居住区（北区）经兴盛桥下匝道至工作区（东区）。由于兴盛桥下匝道短窄（匝道长 80m，宽 2 车道），造成大量下桥出城车流与滨海大道西向东车流冲突严重，难以快速通过，车流回溢至桥上（图 2）。

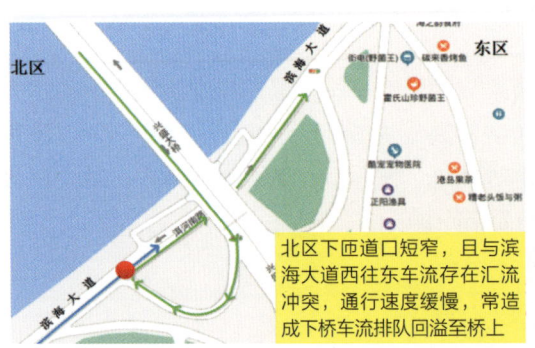

图 2　下桥匝道拥堵情况

3. 晚高峰片区车流量大，兴盛桥周边拥堵严重

晚高峰时段，兴盛桥周边的兴盛路、滨海大道、宾川路等路段车流量大，下桥连接路口左转需求大，通行效率低，大量车流在桥面排队（图3、图4）。

图 3　晚高峰拥堵路段车流路径

图 4　兴盛桥晚高峰车流回溢

4. 路段小区开口较多，掉头、左转车流影响路段正常通行

双鸳路口至宾川路－漾濞路路口之间，小区开口过多，车辆随意掉头、左转，对路段通行影响严重，造成西往东车流回溢和区域通行不畅（图 5）。

图 5　晚高峰进出小区车辆造成拥堵

优化思路

1）通过设置潮汐车道，缓解滨海大道潮汐交通压力。

2）改变原有的下桥通行路径，提供较长距离的绕行线路及车辆排队空间，避免下桥匝道排队溢出。

3）宾川路部分路段设置单行，出入口车辆实行"右进右出"，减少出入口车辆影响，提高主路通行效率。

优化措施

1. 滨海大道设置潮汐车道

通过流量数据统计，滨海大道早晚高峰车流量满足设置潮汐车道条件。早高峰出城（西往东）与进城流量比例约为3∶1，晚高峰出城（西往东）与进城流量比例约为1∶3。因此，将滨海大道（宾川路至机场路段）中间2车道设置为潮汐车道，早高峰西往东，晚高峰东往西，平峰东西向均保持2车道通行，满足不同时段车流通行需求（图6）。

图6 早晚高峰滨海大道潮汐设置路段及实景

2. 早高峰封闭原下桥匝道、禁止部分流向通行

早高峰（07:30—08:50）配合潮汐车道方案，采取以下措施：

1）封闭原下桥匝道，提供长距离绕行路径。兴盛桥封闭狭窄的下桥匝道，外围车流长距离绕行，实现下桥车流直行至双鸳路口再右转至金港路口，最后右转滨海大道下桥。

2）简化通勤干道路口信号相位。滨海大道与漾濞路南口禁止左转（原左转车流先右转滨海大道，再掉头实现左转），将路口原有3相位改为2相位控制（第1相位西口通行，第2相位东口通行），缩减路口信号周期，减少滨海大道出城方向车流等待时间（图7）。

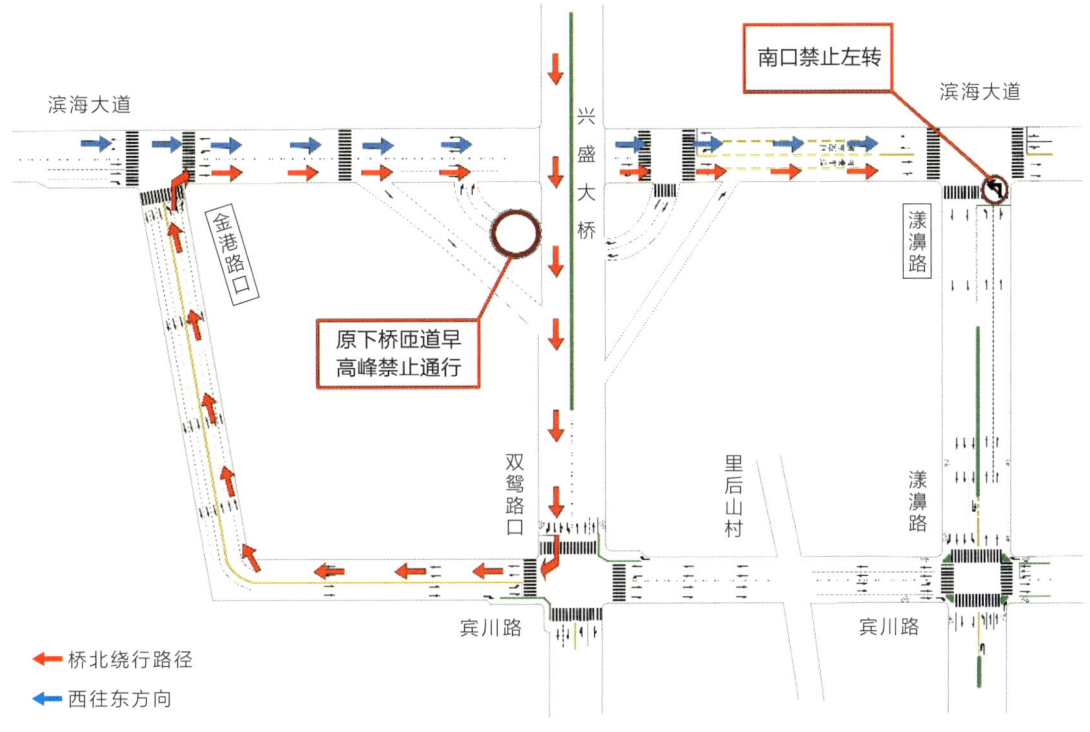

图7　早高峰下桥车流绕行图

3. 晚高峰实施部分路段单行及部分流向禁行措施

晚高峰（17:20—18:40）配合潮汐车道（漾濞路至机场路段）设置方案，采取以下措施（图8）：

1）设置单行。洱河南路（宾川路至漾濞路段）实行东往西单行，配合潮汐车道进一步加快东往西车流疏散，洱河南路－宾川路南口禁止右转，下桥右转车流需左转至洱河南路，再经洱河南路掉头出城。宾川路（兴盛路至漾濞路）实施西往东单行，缓解因小区进出车辆引发的拥堵，原经宾川路通行至兴盛路右转上兴盛桥的车辆，在宾川路－漾濞路路口提前右转，经漾濞路行驶至洱河南路左转通行至兴盛桥。单行后宾川路－漾濞路路口各向采取相应的禁限措施，信号由四相位变为三相位，并在该时段设置单行提示牌、单行信号控制方案。

2）简化关键路口相位。洱河南路－漾濞路东进口禁止左转，以减少高峰相位数，提高东往西通行效率，原左转车流需沿洱河南路直行至宾川路口左转，后通行至宾川路－漾濞路路口左转至漾濞路。

3）优化上桥方向信号方案。考虑到由东往西经宾川路上桥车辆需要绕行，且洱河南路路段实施单行措施，将兴盛桥处上桥匝道口西口左转信号灯设置为常绿，左转上兴盛桥到北区的车辆可以快速经匝道上桥，提升通行效率。

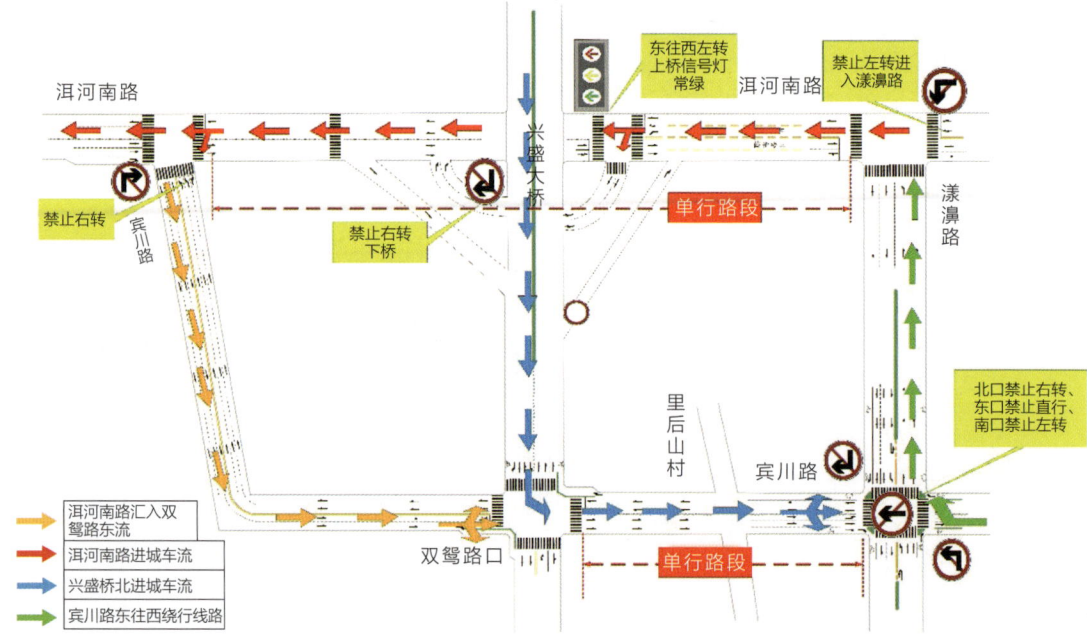

图 8　晚高峰区域禁行及绕行示意图

4. 加大交通组织宣传力度，引导市民安全、高效通行

兴盛桥周边交通组织改变后，为保障市民熟知变化，可以便捷、快速通行，交警通过"乐行微大理"公众号提前发布绕行方案，并通过人工引导、设置标志标牌等措施进行宣传，让市民尽快适应新的通行方案，争取市民的理解及支持（图9）。

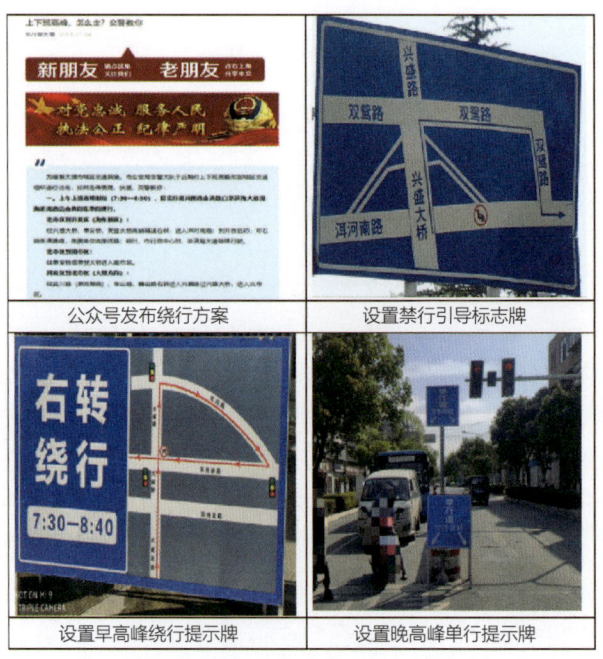

图 9　宣传方式

实施效果

实施早高峰绕行方案后，下桥车流通行顺畅，未出现排队至兴盛桥桥上现象。滨海大道早高峰优化后与优化前相比，拥堵指数降低0.183，速度提升5.43%（图10）。

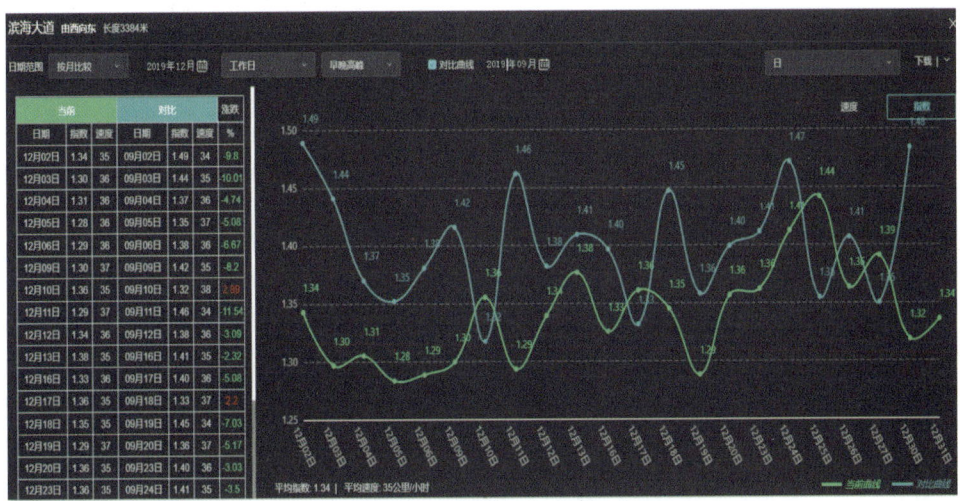

图10 早高峰滨海大道优化前后拥堵指数对比图

实施晚高峰单行方案后，宾川路交通拥堵有所缓解。优化后与优化前相比，拥堵指数降低0.128，速度提升5.66%（图11）。

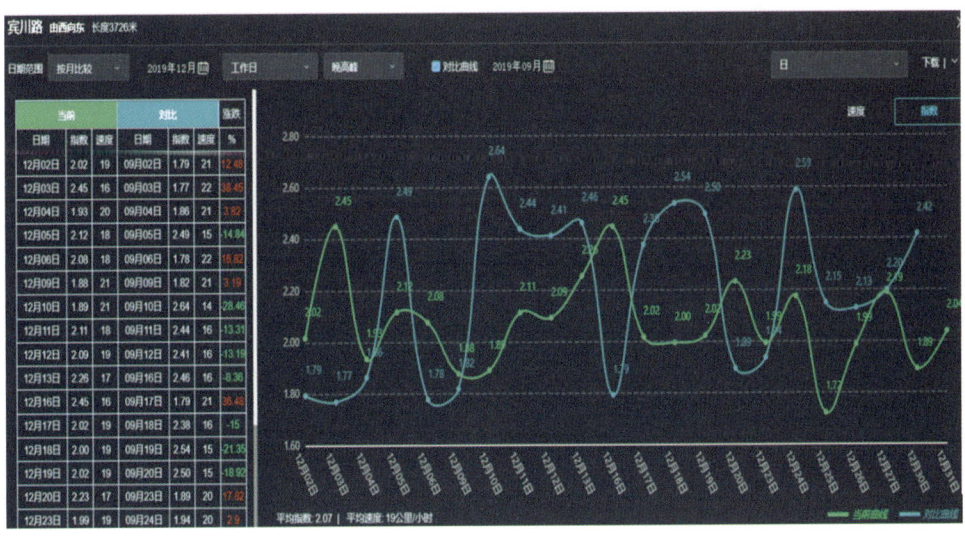

图11 晚高峰宾川路优化前后拥堵指数对比图

晚高峰兴盛桥至双鸳路口排队由150m缩短至30m，排队车辆基本能在一个信号周期内全部通过路口（图12）；宾川路（兴盛路至漾濞路段）实施晚高峰单行后路段通行顺畅，无拥堵现象（图13）。

优化前兴盛桥晚高峰排队长　　　　　　　　优化后兴盛桥晚高峰排队短

图 12　晚高峰兴盛桥优化前后车流排队对比

优化前宾川路车辆排队长　　　　　　　　优化后宾川路几乎无排队

图 13　晚高峰宾川路优化前后车流排队对比

案例点评

本案例针对兴盛桥下匝道车流与主路交通冲突导致排队回溢、周边道路拥堵等问题，通过设置潮汐车道均衡不同时段的车流分布，组织道路单行缓解出入口车辆影响并提高上桥效率，封闭原有下桥匝道并提供较长距离的排队空间，禁止部分次要流向通行，简化路口信号相位以提高主流向通行效率。案例采取的组合措施实施后，路口排队长度明显缩短，关键通道拥堵指数及通行速度均有优化，取得了明显的效果。

很多城市，尤其是南方城市中河流较多，跨河桥梁是联系城市组团间的关键通道，承载大量的通勤交通流，特别是桥两端的交叉口、桥与沿河道路的连接匝道都是容易拥堵的节点，可根据具体问题采取相应措施。当上下桥匝道较短，匝道车流与主路交通交织严重时，可以将匝道设置为单向通行或封闭匝道并提供绕行线路的方式，缓解下匝道拥堵；一旦关键的桥梁及其两端路口的交通达到过饱和状态时，就会形成城市片区之间的"肠梗阻"。这类拥堵的疏导难度较大，需要更大范围的道路来协同配合，在远端开始分流，采取综合措施减轻桥梁的交通压力，避免将交通堵在桥上。

桥梁施工区域交通组织

案例简介

桥梁作为城市中重要的过河、过江通道，在大修、维护期间，桥梁被占用，过桥车辆需绕行，容易引发严重的交通拥堵。本案例介绍的重庆牛角沱大桥，在施工期间通过实施"一限三禁"、依通行证通行等交通管控措施，减少交通需求，同时利用周边路网、区域路网分流，有效缓解桥梁施工期间交通拥堵，保证了主城区交通平稳运行。

现状及问题分析

牛角沱大桥为嘉陵江上连接渝中区与江北区的南向北单向桥梁（图1），是重庆城区南北向通道的咽喉点，已经运行50多年，当前交通量达9万辆/日，常年处于高负荷运行状态。桥梁大修期间采取半幅施工、半幅通行（通行空间为2车道、6m）的方式，总施工工期为200天，对车辆通行影响大，加剧区域高峰时段拥堵（图2）。

图1　牛角沱嘉陵江大桥地理位置

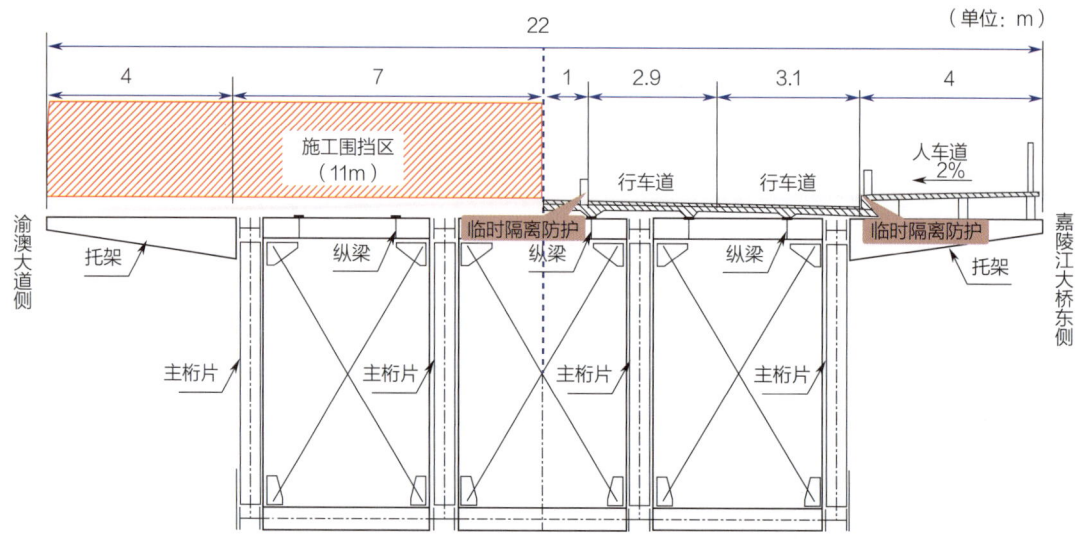

图 2 牛角沱大桥施工围挡范围示意图

牛角沱大桥在半幅封闭情况下，每天约有 6 万辆的交通需求需转移至其他桥梁通行，而周边的黄花园大桥、嘉华大桥、石门大桥、千厮门大桥等都处于严重拥堵的状态，无法提供富余通行空间分担交通量。按交通运行数据分析，将会产生以下主要问题：

1）平均高峰小时大桥交通量缺口由 0.6 万辆增至 0.9 万辆。
2）交通拥堵排队会蔓延至嘉陵江滨江路沿线，对渝中区冲击较大。
3）内环以内高峰车速将由 22.5km/h 降至 19km/h 以下。
4）大量交通需求转移，造成其他桥梁路段拥堵，影响更大范围交通运行。

优化思路

施工期总体优化思路如图 3 所示。

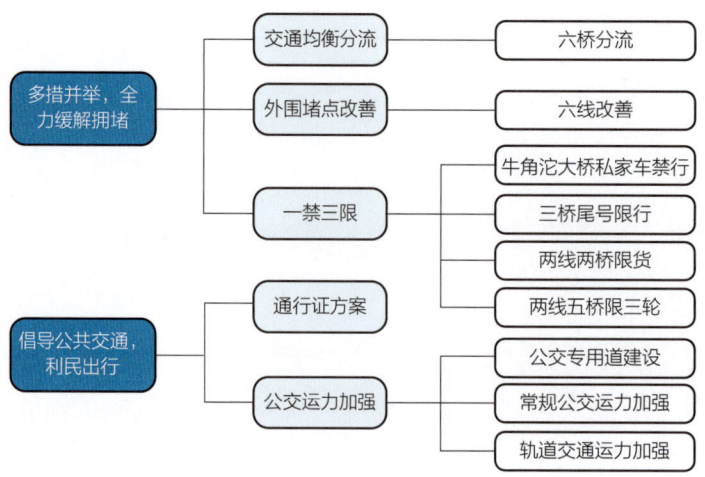

图 3 施工期总体优化思路

> 通过对部分车辆禁行、限行，过境交通诱导绕行、核发通行证等方式，控制施工区域交通出行量。
> 对外围堵点进行改善提升，提高外围道路疏堵能力，缓解通行压力。
> 加强公共交通建设，鼓励公交出行，减少私家车使用频次，提高道路空间使用率。

优化措施

1. 通过外围道路实现交通分流

通过交通广播播报、设置交通标志等方式，使交通参与者及时获悉施工信息。引导原通过牛角沱大桥的车流分流至其他大桥，主要的分流通道包括：嘉华大桥、黄花园大桥及朝天门大桥等。共分流车流量为2866pcu/h，其中黄花园大桥分流量最大，为1014pcu/h，朝天门大桥其次，分流量为753pcu/h，嘉华大桥分流量为734pcu/h。同时，设置配套的交通标志、交通管控点位以及电子显示屏等设施，对分流线路进行引导（图4）。

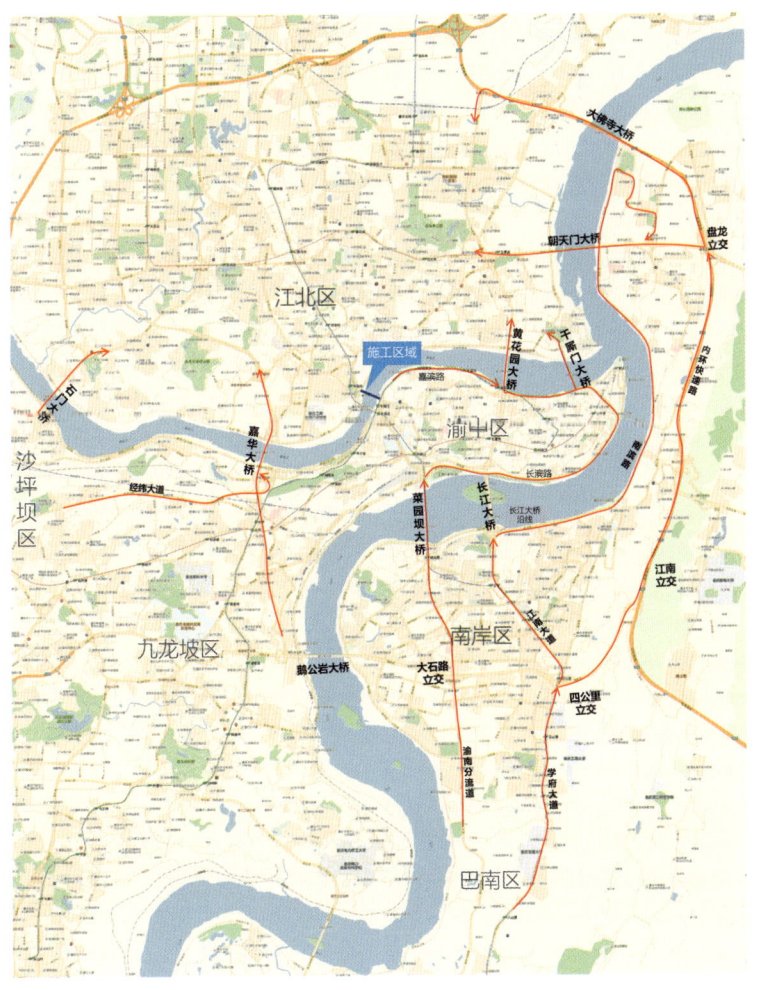

图4 分流线路示意图

2. 外围堵点交通改善

外围道路改善点位主要包括：渝澳大桥沿线、黄花园大桥－长江大桥沿线、嘉华大桥沿线、菜园坝转盘、九滨路－菜袁路口和中山二路。通过多车道汇入控制、定向车道控制、车道管理控制等方法控制各分流道路车流量，缓解外围线路拥堵情况；设置公交专用道，鼓励使用公共交通出行，减少外围路线流量（图5）。

图5 外围堵点管控示意图

3. 实施"一禁三限"交通需求管理

（1）一禁：牛角沱大桥私家车全时段禁行

白天（6:00—23:00）仅允许公交车、出租车及特种车辆通行，夜间（23:00—6:00）采取全桥封闭施工。

（2）三限：三座分流大桥尾号限行

三条主要分流通道嘉华大桥、渝澳大桥、黄花园大桥，在7:00—22:00时段内实施尾号限行，控制日通行量。

（3）限货："两线两桥"24h 禁货

在现行禁货措施基础上进一步收紧，实施"两线两桥"24h 禁货，仅绿 B 牌照货车允许 12:00—15:00 之间准许在限行区域通行。其中，"两线"指中山三路 – 嘉陵江大桥 – 建新南北路 – 红锦大道 – 新牌坊立交 – 人和立交（双向）、电子校立交 – 龙华大道 – 渝澳大道 – 渝澳大桥 – 牛角沱立交 – 中山三路（双向）；"两桥"指渝澳大桥、嘉陵江大桥。

（4）限三轮："两线五桥"禁三轮车

"两线"指上清寺转盘 – 嘉陵江大桥 – 建新南北路 – 红锦大道 – 新牌坊立交 – 人和立交（双向）、电子校立交 – 龙华大道 – 渝澳大道 – 渝澳大桥 – 牛角沱立交 – 上清寺转盘（双向）；"五桥"指渝澳大桥、嘉陵江大桥、嘉华大桥、黄花园大桥、千厮门大桥。对确需进入禁行区域的残疾人三轮车，由居住地辖区交警支队核发临时通行证。

4. 车辆通行证管理

对华唐路、建新南路（华福路）、渝澳大道围合区域（图 6）发放由辖区交警支队负责办理的施工期间临时通行证（图 7），车辆户籍登记地需与通行证区域相符。整个区域约 4274 户，预计高峰通行车辆为 344pcu/h。

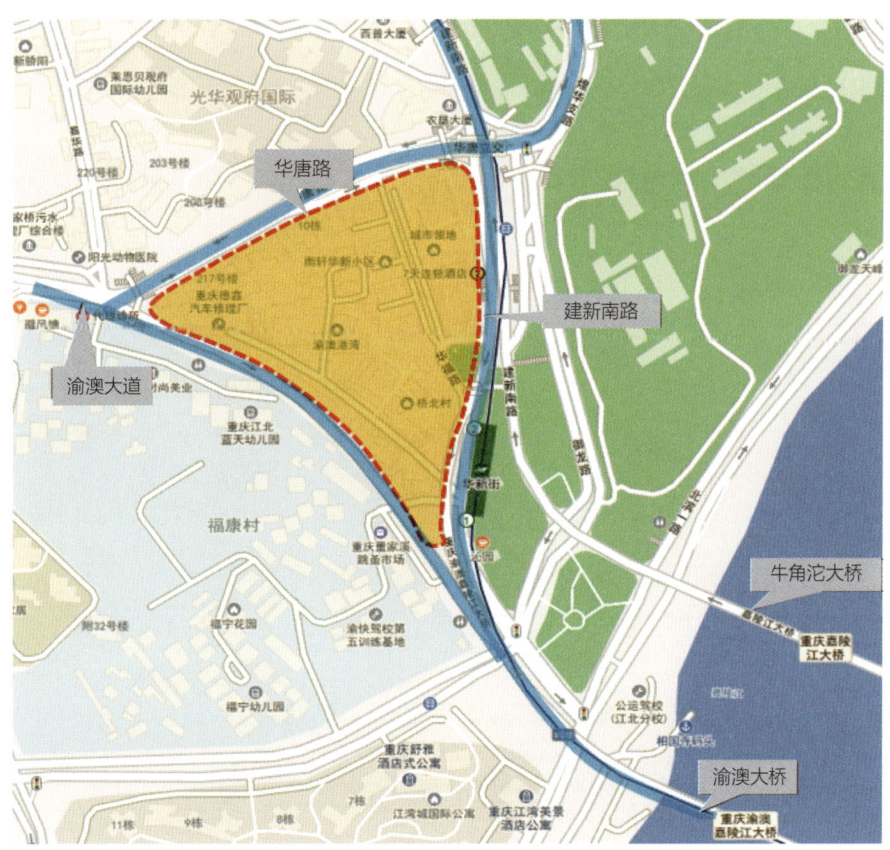

图 6　围合区域示意图

图 7 施工期间车辆通行证示意图

5. 加大公交运力

为最大化分担出行需求，加快实施公交专用道设置，新增两路客运专用道与现有专用道接驳。延长轨道三号线早晚高峰时段以满足高峰期乘客需求（早高峰 7:00—9:30，晚高峰 17:00—19:30），并根据交通需求情况增加 8 节列车班次和发车频率。

实施效果

由于限行范围主要集中在施工区域周边，限行措施并未对小汽车出行造成严重冲击（图 8）。

1. 限行后呈现典型的错峰出行特征

从小汽车出行时间看，限行措施实施后，部分受影响车主选择提前出行，避开限行时段，使得内环以内早高峰时段较限行前有所提前，呈现出一定的"错峰出行"现象，优化了整体出行时间，同时也减轻了高峰期间交通压力。运行中、后期内环以内早、晚高峰小时运行车速为 21.2km/h、24.6km/h，较实施前分别提升 0.8km/h、1.0km/h；拥堵里程为 187km，较实施前减少 6%。

2. 减轻中心城区交通运行压力

从出行路径选择看，限行后部分驾驶人对出行路径进行了优化调整，选择外围较为通畅道路（如内环）绕行，从而减轻了中心城区交通运行压力，路网交通流量分布更加均衡。桥梁限行有效调节了小汽车出行需求，内环以内活动车辆数减少 5%。

3. 最大限度降低施工影响，部分节点运行处于可控范围

牛角沱大桥半封闭施工产生了交通绕行和转移现象，限行桥梁往江北方向流量仍有所增加，内环以内嘉陵江桥梁向南交通量减少 8%，其他桥梁车流量有所增加，车速下降 0.4~2.4km/h。虽然，局部路段交通运行出现恶化，但交通情况仍处于可控范围内。

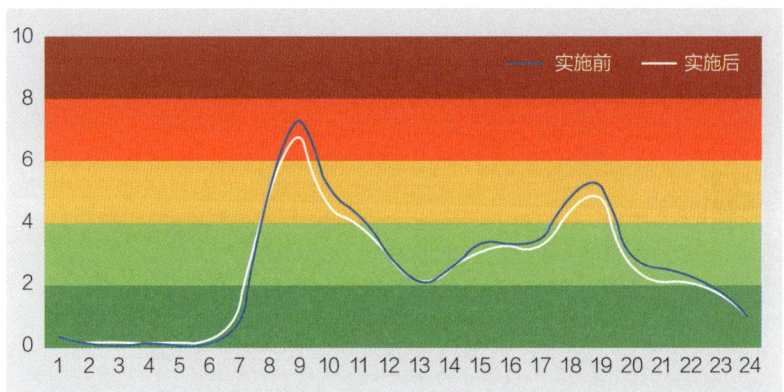

图8 施工期间优化措施实施前后，实施前后全天拥堵指数时变图

案例总结

道路施工，尤其是桥梁、隧道等关键通道施工，往往会对区域周边交通产生较大压力。施工期间的交通组织管理思路，可以从两个层面来考虑：一是如何削减交通流量；二是如何将超出承受能力的通行压力合理转移至其他道路，并将影响控制在合理范围内。本案例针对这两个需求，多管齐下，采用交通分流、限行禁行、鼓励公共交通出行等措施，降低交通需求、优化交通出行方式，将施工影响降至可控范围。

本案例中，施工期间市民通过交通组织引导形成了"错峰出行"状态，对缓解桥梁及周边道路的交通压力发挥了重要作用。类似的情形在交通组织优化时，可考虑引入数据思维，及时地对居民出行特征进行分析，制定合理的分流措施，提前开展宣传引导，尽可能降低施工对出行的影响。此外，在施工初期、中期，交通流量、出行高峰时段、流量分布等都发生了变化，所以在施工期间应及时监控交通流，了解变化情况，不断修正和完善绕行线路设计、标志标线设置等细节，进一步提升施工期间交通组织的适用性。

双畸形路口交通组织优化

案例简介

畸形路口存在冲突点多、交通流向不清晰、行人及非机动车过街控制复杂等问题，是交通组织管理的难点，也易成为路网中的交通堵点和事故多发点。本案例通过道路交通改造、精细渠化设计、增加信号灯控制等措施，解决现状存在的视觉盲区、行人过街路径不明、秩序混乱的问题，有效提升路口通行安全和通行效率。

现状及问题分析

鸡西市左家桥路口（图1、图2）由腾飞一段、腾飞二段、西园路相交而成，现状为无信号控制畸形多交叉路口。路口范围内有大型居住小区（凤凰城）及高新技术创业服务中心，早晚高峰主要流量为腾飞一段与腾飞二段直行方向，是小区居民出行的主要流向。另外，凤凰城小区居民出行乘坐公交车意愿强烈，行人过街需求较大。

 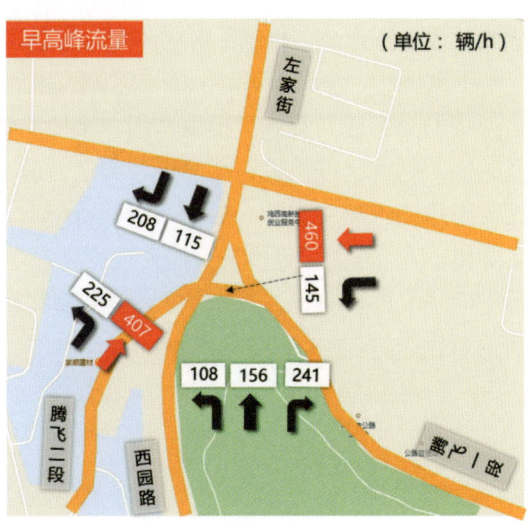

图1　左家桥路口位置示意图　　　　　图2　左家桥路口流量流向图

路口现状主要存在以下问题：

1. 道路结构不合理，安全隐患突出

绿化三角导流岛设置不合理，将道路分割成多个小路口，冲突点多；其次，灯控路口距离交织段不足30m，严重影响通行效率；第三，小区主要出入口位于路口内，行人与车辆通行存在较大安全隐患。近两年交通事故结果显示，事故点分布基本与交织点吻合（图3、图4）。

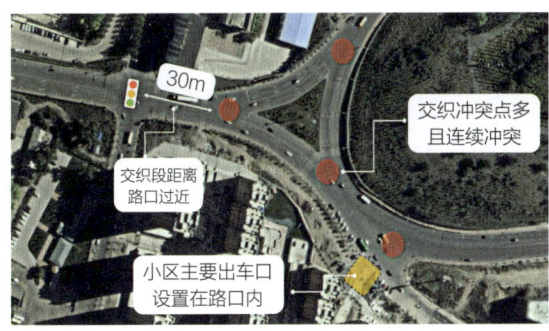
图3 路口现状冲突点

图4 路口事故点分布

2. 渠化标线缺失，秩序混乱

凤凰城小区门前路口面积大，通行距离狭长，但现状标线缺失严重，车辆无合理行车轨迹引导。对行人过街考虑不足，人行横道线缺失严重，导致行人随意过街，交通安全隐患突出。小区出入口摆摊、停车问题严重，影响交通正常运行（图5、图6）。

图5 路口现状航拍图

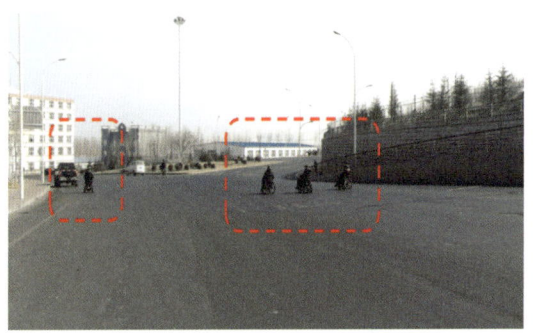
图6 行人及非机动车随意过街

3. 行车视距受限

腾飞二段往腾飞一段方向车辆由于受到绿化遮挡，且为上坡行驶，视距不良；西园路右转往腾飞二段方向的车辆受到挡土墙的影响，存在视距盲区，难以视认公交站点处的行人，且现场未设置合理的提醒标志，存在较大的安全隐患（图7）。

图7 路口行车视距受限

4. 公交站点设置位置存在安全隐患

公交站点位于小区出入口对面挡土墙下，与挡土墙处的行人通道存在错位，导致多数候车乘客在机动车道内排队，安全保障不足；其次，公交站与行人过街点衔接不足，行人随意过街，存在安全隐患（图8）。

图8　公交站点设置不合理

优化思路

> - 调整渠化设计，改善视距，按交通需求划分车道；增设路口导向线，规范车辆行驶轨迹。
> - 改造公交站台，增加公交专用道与乘客排队空间，重新施划人行横道，保障行人过街。
> - 增设信号灯，与现有信号控制路口进行协调设计，以降低延误。

优化措施

1. 调整路口渠化，改善视距

1）调整现状绿化三角渠化岛的形状，将腾飞一段行车方向与腾飞二段行车方向尽可能垂直，构造一个新的丁字路口，并将西园路右转车道改为单向行驶，以改善行车安全视距（图9）。

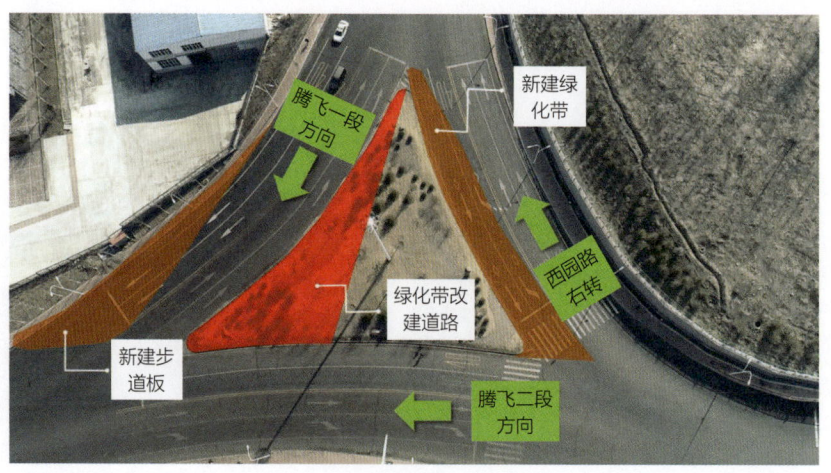

图9　绿化渠化岛改造方案

2）在凤凰城一期小区门前增设 3 处行人过街安全岛。在公交站点处设置公交专用道，明确公交通行权，设置乘客候车区；调整现有 3 个公交站点的位置，减少车辆停靠对路口的影响。增大腾飞二段去往西园路的转弯半径，保障货车安全通行（图 10、图 11）。

图 10　路口内渠化改造方案

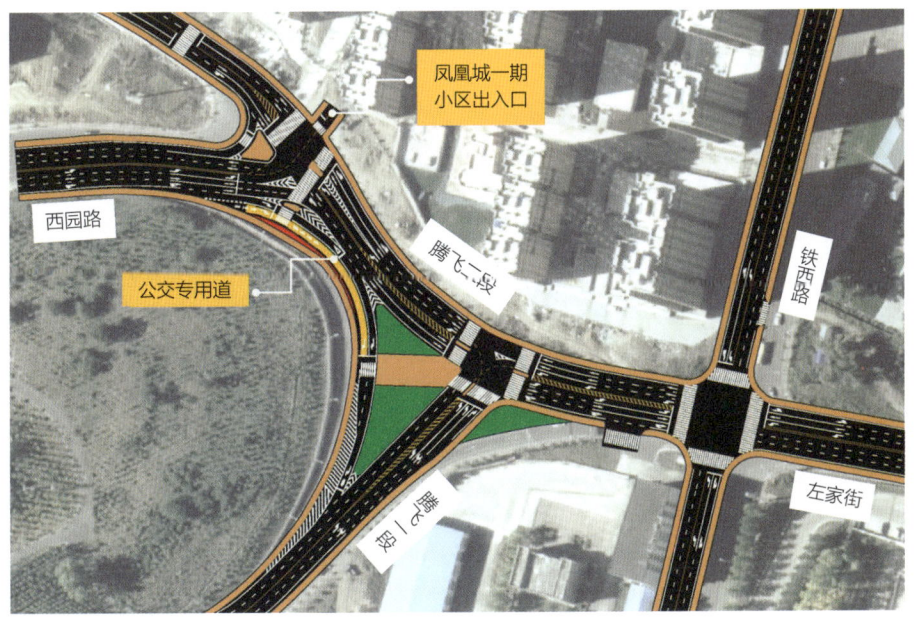

图 11　路口渠化效果图

3）路口范围内增设人行护栏规范行人秩序，并在一定程度上减少车辆违停现象。

2. 增设 2 处信号灯，与现有信号灯进行协调控制

根据路口渠化方案增设 2 处信号灯，并与现有信号灯（左家街 - 铁西路路口）进行协调控制（图 12）。

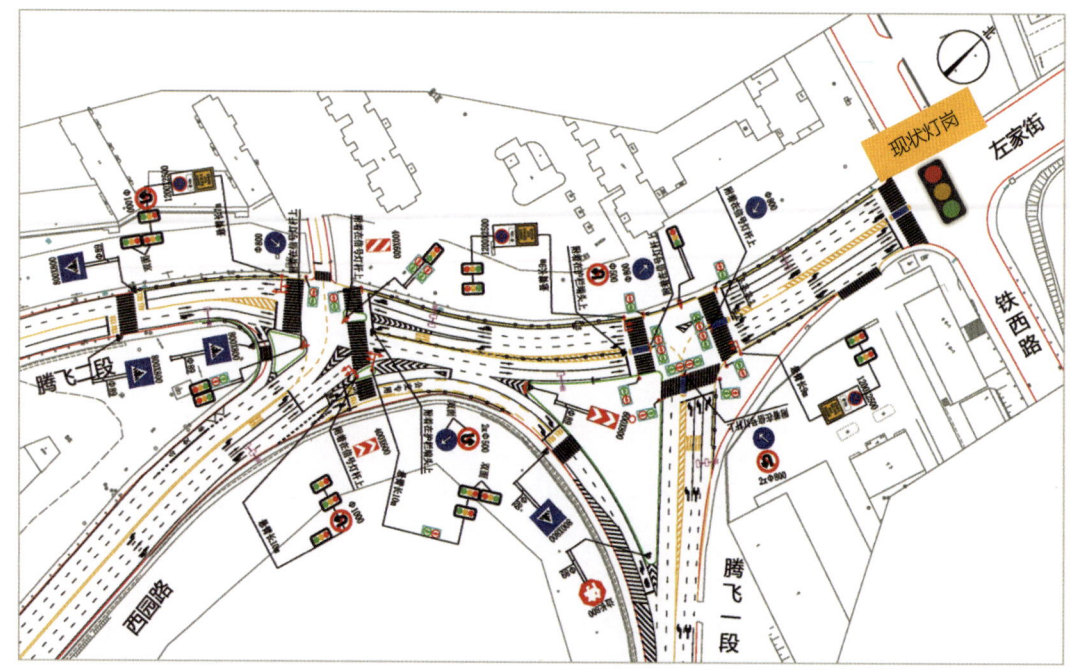

图 12 左家桥路口信号灯设置图

由于路口主要流量来自凤凰城小区居民早晚高峰通勤出行,所以可将南向北设置为主协调控制方向,让大部分小区车辆能够不停车连续通过路口(图 13)。

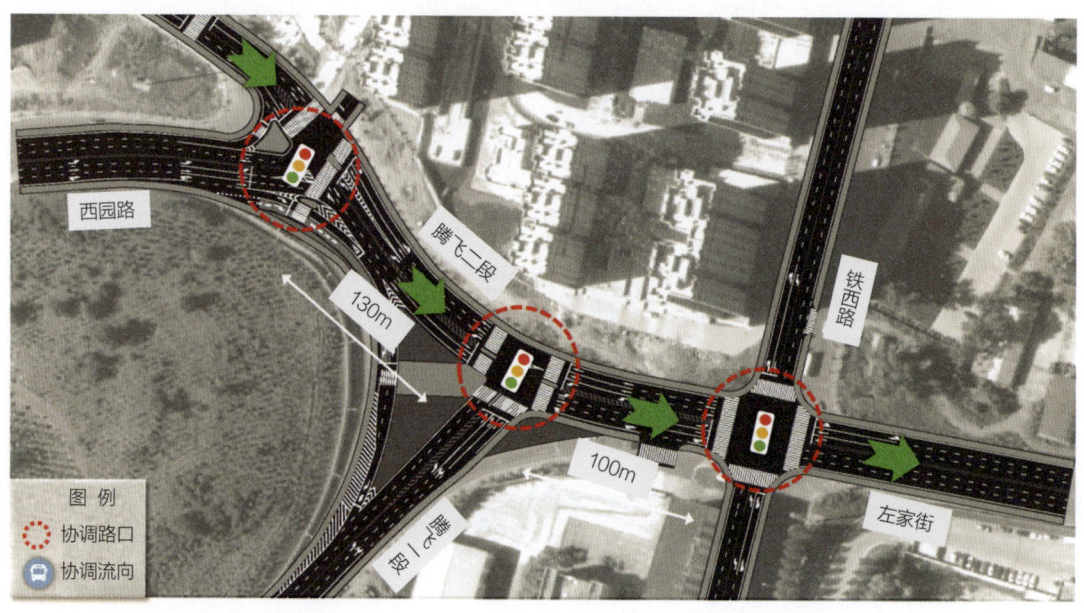

图 13 路口协调控制示意图

考虑凤凰城小区居民乘坐公交的出行需求,分别在腾飞一段-腾飞二段路口及西园路-腾飞二段路路口增设专用行人相位,保障行人的过街时间与安全性(图 14~图 16)。

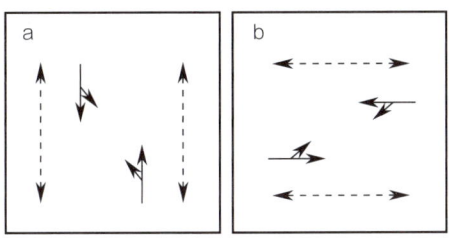

图 14　铁西路－左家街路口相位相序图

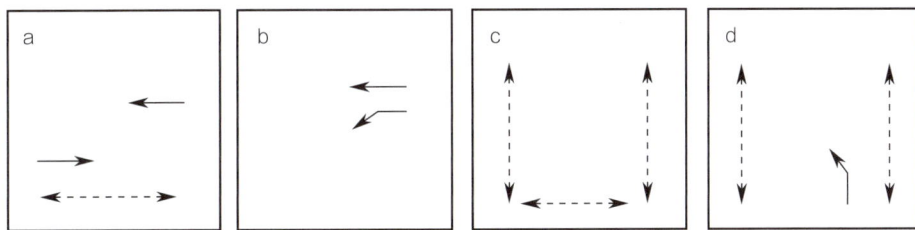

图 15　腾飞一段－腾飞二段路口相位相序图

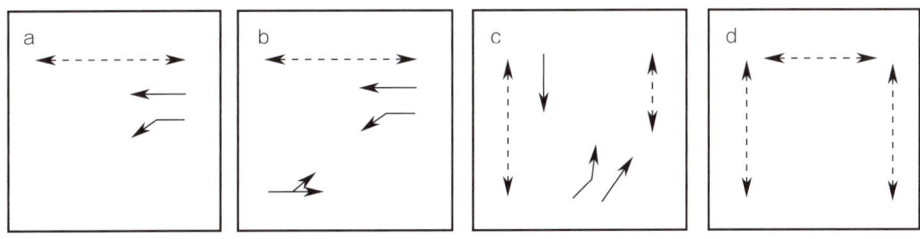

图 16　西园路－腾飞二段路口相位相序图

路口协调控制方案（图 17）：

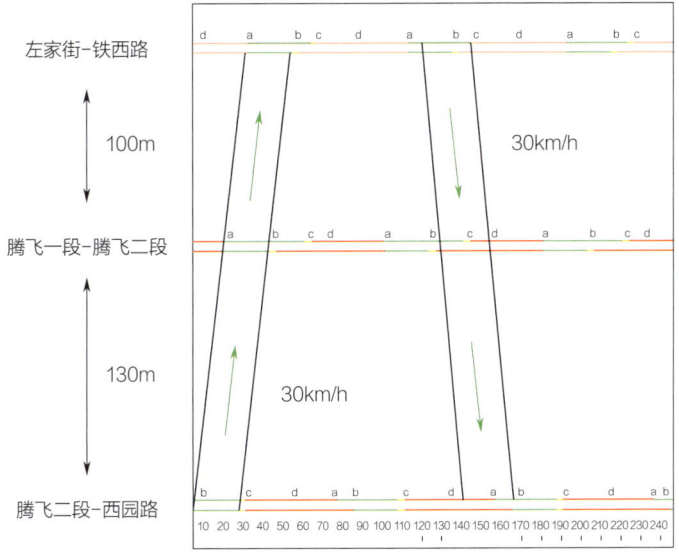

图 17　路口协调控制方案示意图

3. 制定实施初期的疏导对策，加强宣传与管理

根据路口渠化设计方案、通行规则及冲突点的位置制定合理的交通疏导对策，同时做好路口改造初期的疏导与秩序管理工作。充分利用鸡西市新媒体及传统媒体，第一时间发布改造方案及出行指南，积极发挥宣传引导作用（图18）。

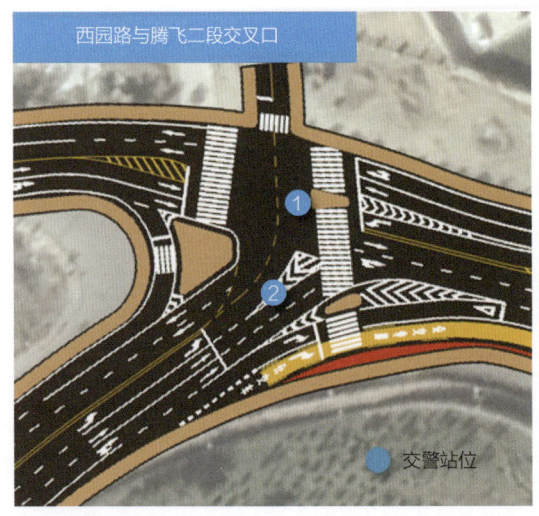 

图18　交通指挥疏导站位图

其次，在广泛宣传的基础上，针对闯红灯、路口违法停车、不按导向车道行驶等严重影响路口通行秩序与安全的违法行为，开展综合治理，保障通行秩序。

实施效果

1）公交站点增设公交专用道与乘客等车区，公交出行的便捷性与安全性明显提升（图19）。

图19　公交站点改造前后对比

2）将三角绿化岛与改造后公交站台的行人路径相连接，合理设置行人过街人行横道线与二次过街驻足设施，人行过街秩序明显好转（图20）。

图 20　行人过街改造前后对比

路口改造前后对比（图21）：

图 21　左家桥岗改造前后航拍对比图

案例点评

本案例以"化繁为简"的交通组织思路，将短连接双畸形路口通过渠化改造、完善标线等措施，"转变"为 2 个相邻且独立的路口。在此基础上，通过增设信号灯并与其他路口进行信号协调控制，合理布设人行横道、过街安全岛，优化公交站点设置等措施，保障行人过街通道的连续性及等候公交的便利性，并进一步设置行人过街专用相位，提高行人过街安全性。

本案例路口优化后，形成了 3 个距离较近的路口，要确保不出现排队溢出现象，在相位设置、协调控制相位差和绿灯放行时间设计方面需要重点考虑。

本案例可为畸形路口交通组织优化提供参考：

1）尽量通过渠化等方式，将畸形路口变为正常路口，在此基础之上再开展信号配时优化等工作。

2）通过施划导向线等方式，明确车辆通行路径，规范行驶轨迹，一方面能提高安全性，另一方面对通行效率也有明显作用。

医院、学校交通组织优化

综合型医院的停车管理及区域道路交通优化

医院区域的单循环交通组织

医院出入口路段的协调控制

安全高效的学校接送系统

综合型医院的停车管理及区域道路交通优化

案例简介

停车难、道路拥堵是就诊高峰期医院周边道路出现的主要交通问题。本案例介绍了长沙市湘雅医院通过停车共享、设置就诊专用车道、可变导向车道、交叉口车道功能调整、路段秩序整治等措施，缓解了该区域停车供需矛盾，就诊车辆排队占道影响道路通行等问题得到有效解决。

现状及问题分析

湘雅医院是国家级大型综合医院，位于长沙市芙蓉路以西、湘雅路以南、蔡锷北路以东、湘春路以北的合围区域，周边有省妇幼保健院、市一医院等大型重点医院以及泊富、富兴等商业中心，道路交通组织复杂，就诊停车及道路资源供需矛盾突出，乱源多、交通堵、难治理的交通问题突显。周边道路情况如图 1 所示：

1）湘雅路：路幅较窄，双向 4 车道，路段两侧门店临街而建，人车混行，易发生刮擦事故。

2）芙蓉路：双向 8 车道，中央为护栏隔离，两侧设有机非混行辅道，医院东门设有港湾式公交车站。

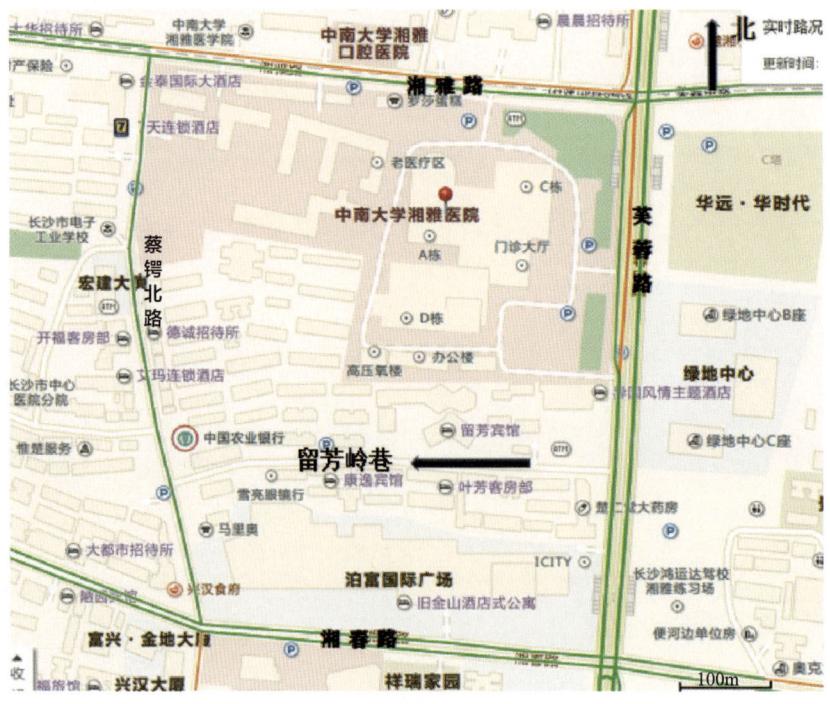

图 1　湘雅医院区域道路分布情况

3）留芳岭巷：东西向老街巷，也是出入医院必经通道，路幅较窄，路边门店较多，易造成交通拥堵。

4）湘春路：双向6车道，南侧为湖南省妇幼保健院，北侧为泊富商业街，车流量大，易发生拥堵。

5）蔡锷北路：南北向次干路，双向4~6车道，为南往北单向通行。

1. 就诊车辆排队外溢，影响道路通行

湘雅医院东门路段早晚高峰时段就诊车辆排队，严重影响交通干道芙蓉路北往南方向车流通行，且非港湾式公交站台靠近东门，停车上下容易造成交通拥堵（图2）。

2. 蔡锷北路单行加剧湘雅路交通压力

蔡锷北路（湘春路至湘雅路段）为南往北单向通行，但公交允许双向通行，设有北向南的公交专用道。路段禁止掉头，只能右转经湘雅路绕行，加剧了湘雅路的交通压力（图3）。

图2　就诊车辆排队，芙蓉路北往南车流聚集

图3　蔡锷北路南往北单向通行

3. 湘雅路交通秩序有待整治

湘雅医院北门路段违停车辆较多，影响通行秩序（图4）；湘雅路卫生厅路段中央设有双黄实线，车辆经常违规掉头通行（图5）。

图4　湘雅医院北门路段违停车辆

图5　湘雅医院北门卫生厅路段

4. 停车供需矛盾突出，医院内部通行不畅，排队车辆积压

湘雅医院日门诊约 1 万~1.2 万人次，每日进出医院车辆 6000 余辆（其中医院车辆 1300 余辆）。高峰停车位需求约 3100 个，其中职工及家属需停车位 1300 个。目前，医院内部共约 1200 个停车位，其中地下停车位约 700 个，地面停车位约 500 个，停车位缺口大，且医院内部通行不畅，排队等候进入的车辆易积压至芙蓉路路段，造成交通拥堵（图 6）。

图 6 医院内部交通状况

优化思路

- 加强医院内部停车管理，引导车辆快速停放，减少排队停车长度。
- 利用周边停车共享资源，释放医院内部停车位，缓解就诊停车压力。
- "点、线、面"三维度，对医院周边道路进行综合治理。"点"主要针对医院周边关键交叉口，挖掘时空通行资源，提高进入医院主流向车流的通行效率；"线"主要针对医院周边关键路段，尤其是排队就医车辆占用的路段，通过设置就诊专用车道等方式，使各类交通各行其道；"面"即从区域交通组织入手，合理将交通流分流，均衡区域内交通压力。

优化措施

1. 疏通医院内部道路，加强停车引导

交警部门指导医院加强院内交通疏导，在医院门口、院内通道关键节点安排专人配合交警指挥交通，同时在医院内增设行车指引标识以及电子停车引导显示屏，引导车辆快速找到停车位，快速入位停车，通过加速内部循环，缩短就诊车辆排队长度，减小外溢对道路交通产生干扰（图 7）。

综合型医院的停车管理及区域道路交通优化

图7　湘雅医院内部车行导向标志牌设置情况

2. 利用周边停车资源，腾挪职工停车位

（1）协调商业停车场为医院职工提供停车位

富兴停车场位于湘雅医院东北侧，有部分闲置车位，协调富兴停车场为湘雅医院职工提供停车位约1100个，腾出医院内部停车位缓解就诊车辆停车压力（图8）。

（2）协调临近医院腾挪车位，共同缓解区域拥堵

图8　富兴停车场为湘雅医院职工提供专属停车位

湖南省妇幼保健院（简称"省妇幼"），位于湘雅医院南侧，停车需求也很大，在一定程度上，与湘雅医院共同造成了周边区域的交通拥堵。"省妇幼"东侧的湖南日报有1100个停车位，协调"省妇幼"职工车辆停至湖南日报停车场，将医院内的空余出停车位解决"省妇幼"就诊停车难的问题，共同协作缓解湘雅医院周边道路因就诊车辆占道排队入院，造成的交通积压问题（图9）。

图9　"省妇幼"车辆腾挪至湖南日报车库

3. 设置就诊专用车道，与通过性交通分离

在湘雅医院东门增设就诊专用车道，通过设置标志引导就诊车辆有序排队使用，与通过性车辆分隔，使其各行其道，避免交织干扰，保证了各方向车辆有序行驶（图10）。

4. 迁移并优化公交站台

将原医院门口的公交车站南迁，同时调整为港湾式公交站台，减少公交车停靠站时对主路通行的影响（图11）。

图10　湘雅医院东门就诊车道　　　　　图11　芙蓉路湘雅医院东门路段港湾式公交车站

5. 设置可变导向车道，提高节点通行效率

从南边过来需要进入湘雅医院的车辆需在芙蓉路－湘雅路交叉口南进口掉头，导致车辆在左转车道排队过长，对直行车辆通行造成极大影响。

工作日 7:00—10:00、14:00—16:30 时段，南往北掉头车辆及南往西左转车辆流量相对较大，而其余时段直行流量相对较大，故将南进口内侧第二车道（原直行车道）设置为直行/左转可变导向车道：在上午 7:00—10:00，可变导向车道为左转，提高左转放行效率，满足就诊患者进入医院需求；下午 14:00—16:30，可变导向车道为左转，提前放空左转车流，在晚高峰来之前减少左转车辆等候，避免左转车辆影响出城车流，提高路口通行能力；其余时段，可变车道设置为直行（图12）。

图12　芙蓉路－湘雅路交叉口南进口可变导向车道

6. 取消道路单向通行，缓解重点路段交通压力

将蔡锷北路的湘春路至湘雅路段恢复双向通行，减少车辆经湘雅路绕行，缓解湘雅路的交通压力。恢复双向通行后，将北口车道调整为3进3出，保留原北口公交专用进口道，将其设置在中间车道，两侧社会车辆车道为左转和右转。蔡锷北路路段两侧停车位调整为平行式停车位，拓宽机动车通行路幅（图13、图14）。

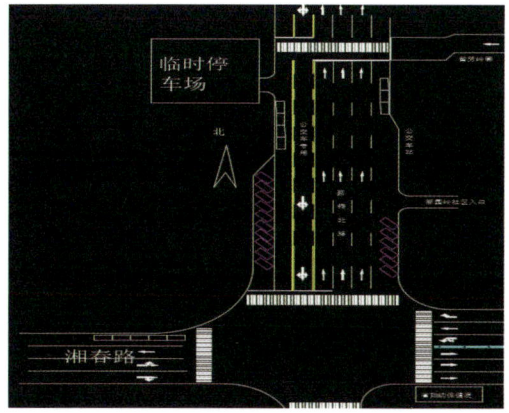

图13 蔡锷北路优化前状况

图14 蔡锷北路优化后现状

7. 优化交叉口车道功能，缓解冲突

蔡锷北路－湘春路交叉口东南侧为省妇幼保健院，东北角为泊富购物广场，进出车辆需求较大，保证交叉口有序高效通行能够缓解区域拥堵，提高车流向外围消散效率。

交叉口东进口由于掉头车辆较多，在两相位对称放行模式下，掉头车辆与西往东直行车辆冲突严重，故将原车道功能为"1左转掉头+1直行+1右转"调整为"1直左+1直行+1右转"，禁止掉头，引导掉头车辆远端掉头：右转经蔡锷北路绕行，故匹配将蔡锷北路－留芳岭巷交叉口南进口内侧车道调整为直行掉头，引导绕行车辆掉头后在蔡锷北路－湘春路交叉口北进口左转通行（图15）。

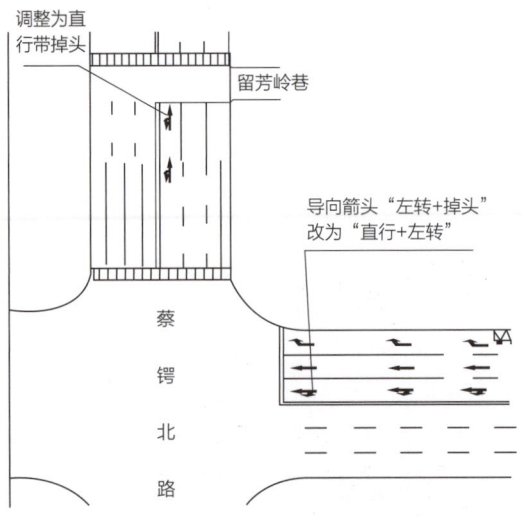

图 15　蔡锷北路－湘春路口东侧调整车道示意图

8. 重点路段开展交通秩序整治

湘雅路路段增设低位高清电子抓拍设备，对违停车辆进行视频抓拍（图 16）。

图 16　湘雅路沿线电子抓拍设备

湘雅医院北门路段增设隔离栏，施划网状禁停标线（图 17）。

图 17　湘雅路网状禁停标线

湘雅路卫生厅路段中央双黄实线调整为黄色虚线，便于出口车辆往西掉头通行（图18）。

图18　湘雅路湘雅医院北门路段设黄色虚线

实施效果

上述措施实施到位后，湘雅医院周边道路的交通压力得到了有效缓解，路面通行较优化前顺畅不少，主要表现为：

1. 提高了重要节点路口通行效率

芙蓉路－湘雅路交叉口南进口设可变导向车道，最大化利用道路空间，加快了南口车流放行，提高了路口整体通行效率。

2. 缓解了路段高峰时段拥堵情况

湘雅医院东门路段就诊车、公交车、其他社会车辆按序通行，极大缓解早、晚高峰时段交通拥堵情况。根据某大数据平台，2019年4季度与2018年4季度相比，芙蓉路（波隆立交桥至八一桥）南往北方向的拥堵指数由1.53降低至1.39，同比下降9.15%，平均车速由33.14km/h提升至35.17km/h，同比上升6.13%；北往南方向的拥堵指数由1.44降低至1.41，同比下降2.08%，平均车速由34.40km/h提升至34.82km/h，同比上升1.22%。

3. 盘活区域路网，提升路网通行效率

调整蔡锷路－湘春路交叉口车道功能，恢复蔡锷北路双向通行，留芳岭巷分流，缓解了湘雅路交通压力。根据某大数据平台，2019年4季度与2018年4季度相比，湘雅路（湘江中路到芙蓉中路）西往东方向的拥堵指数由1.54下降至1.49，同比下降3.25%，平均车速由21.02km/h上升到21.47km/h，同比上升2.14%；东往西方向的拥堵指数由1.58下降至1.52，同比下降3.80%，平均车速由20.35km/h提升至21.54km/h，同比上升5.85%。

4. 缓解了停车难核心矛盾

腾挪湘雅医院、省妇幼内部停车位，最大化满足就诊车辆停车需求，缓解了医院就诊车辆停车供需矛盾，减少就诊车辆因寻找停车而产生无效交通，缓解了排队等候停车而造成交通拥堵情况。

案例总结

本案例介绍的医院周边交通组织优化方法，关键在于停车资源挖掘缓解停车矛盾，通过覆盖"点、线、面"精细化交通组织方法来均衡路网交通分布、疏解关键节点交通压力。首先，职工停车调整至周边邻近单位的空间置换方法增加停车位，同时通过内部疏导提升医院内部循环效率，缓解了就诊停车矛盾，缩短了排队长度，降低了停车外溢对道路通行造成的影响；其次，在关键节点结合流量特征，采取可变导向车道、禁止掉头等措施,实现了高峰保畅的目标；第三，大胆取消原有的单行措施，利用支路绕行等方法，均衡路网交通分布，避免交通过度集中造成节点性拥堵；第四，设置就诊专用车道，分隔就诊交通和通过性交通，从根本上避免了车流的交织，提高疏散速度。

该案例中的停车空间置换、就诊专用道设置以及路网绕行缓解交通聚集等措施，为改善医院、学校等区域的短时交通拥堵提供了思路。其他地方在借鉴时，需要具体分析其可行性，不能盲目照搬。如停车置换的前提是周边有一定富余的停车空间；就诊专用车道对周边道路空间资源具有一定要求；路网绕行需要周边的路网具有较好的通达性。此外，目前周边富余停车位主要是供医院职工停车，可以考虑在区域内部通过设置停车诱导系统、智慧停车系统、开通区域内部就诊换乘小型接驳车方式，盘活区域内部的停车资源，不仅为就医车辆提供更多停车便利，同时通过远端停车，也可以缓解医院路段的交通压力。

就诊人多、停车矛盾突出是湘雅医院这种综合性医院普遍存在的问题。在本案例中，医院区域交通问题的缓解，是联合了周边相关单位，发挥自身优势，共同谋划才使停车位互换、公交站台迁移等措施得以实现，也取得了较好效果。所以，在解决医院等区域交通性问题时，需要发挥社会力量，实现共治共管。

医院区域的单循环交通组织

案例简介

一些城市医院坐落在老城区，由于交通基础条件相对较差，加之医院就诊人流、车流量大，往往成为交通矛盾点。本案例中的苏北人民医院坐落在扬州古城核心区内，路网条件不佳，但通过实施单循环交通组织，并配套设置可变车道、优化信号配时、调整公交线路、加强隔离等措施，缓解了医院门口交通拥堵、车辆排队积压的问题，取得了较好的成效。

现状及问题分析

1. 路网承载能力不高

苏北人民医院位于扬州古城核心区，病患就诊量较大。受就诊停车需求大、周边路网结构不良、停车供给缺口大等制约，区域周边交通矛盾日益凸显（图1、图2）。2015年，市

图1　苏北人民医院及周边路网

图2　医院门前拥堵现象

政府启动荷花池地下停车场建设，在一定程度上缓解了停车难问题。但由于荷花池地下停车场与苏北人民医院的连接通道尚未建设完工，加之一些行动不便的病患需要就近下车，仍有大量车辆在医院门前排队等待入院，从而造成车辆积压，门前道路交通拥堵严重。

从表1中可以看出，医院周边道路等级较低，均为城市次干路和支路，道路通行能力有限，容错能力较低，一旦发生交通事故或医院门前排队，往往会造成整体路网堵塞瘫痪。

表1 医院周边道路情况表

序号	道路名称	道路等级	车道数	设施情况
1	南通西路	次干路	医院南门段双向4车道、南门至文汇东路双向2车道	有机非分隔绿化带、南门段有中央隔离护栏
2	汶河南路	次干路	双向4车道	有机非分隔绿化带
3	甘泉路	支路	双向2车道	混合交通
4	淮海路	支路	双向2车道	有机非分隔绿化带

2. 交通流量高度集中

苏北人民医院周边共有4所中小学、1所幼儿园，学生约1.3万余名。经调查，机动车接送占比达20%以上，且上下学接送时段与医院就诊高峰时段重合，所以两个交通流叠加，造成区域内短时间交通量突增（图3）。

图3 医院周边学校分布情况

3. 路口空间资源不足

周边共有5个路口，其中信号灯控路口3个。5个路口中，丁字路口1个，Y形路口2个，另2个路口由于道路宽度不够，无法实现直行左转分相放行，造成交通交织严重，通行效率不高（表2）。

表2 医院周边路口情况表

相交道路	汶河南路－南通西路交叉口（荷花池岗）	汶河南路－甘泉路交叉口（仙鹤岗）
卫星图		
特性	灯控不规则十字路口	灯控十字路口

相交道路	淮海路－文汇东路交叉口（放鹤岗）	甘泉路－八一门交叉口	荷花池支路－南通西路交叉口
卫星图			
特性	灯控Y形路口	非灯控丁字路口	非灯控Y形路口

4. 停车资源供给不足

周边共有3个停车场，其中荷花池地下停车场有700个停车位，苏北人民医院停车场440个停车位，南门遗址停车场100个停车位，共计1240个停车位。根据医院就诊统计，苏北人民医院每天车辆停放就达3000辆次左右，加之周边居民停车需求，现有车位仅能基本满足日常需求。在就诊高峰时段，一些病人行动不便需要就近下车，部分车辆仍会选择在医院门口路段占道排队等候进入医院内部停车（图4）。

图4 医院门前排队等候现象

优化思路

经过多次与苏北人民医院座谈协调，深入了解医院周边道路交通需求，共同研究制定了总体优化思路。

➢ 构建区域微循环，使区域内车辆能够快速疏散。

- 对周边交通节点进行梳理，综合采用时空优化方法，提升节点通行效率。
- 加强对逆行、违停等重点违法行为严管，保证单行道路通畅。

优化措施

1. 实施区域单循环交通组织，配套完善相关交通设施

经实地调研，如采用顺时针单行交通组织，右转车辆不受信号控制，可以最大限度满足车辆快速疏散的要求，同时医院各出入口顺势采取"右进右出"交通组织，规范门口的通行秩序，最终确定在医院周边道路设置顺时单行循环交通组织方式（图5）：

- 南通西路（放鹤岗至荷花池岗）由东向西单向通行（图6）。
- 淮海路（放鹤岗至石塔岗）由南往北单向通行（图7）。

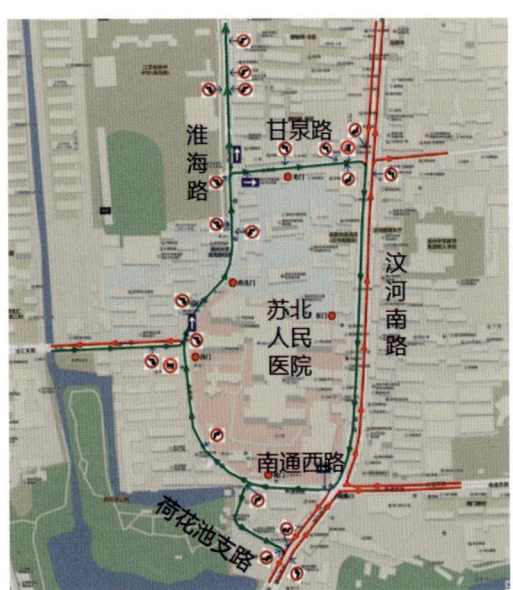 

图5 医院区域交通组织示意图

图6 南通西路单行实施前后对比

- 甘泉路（八一门至仙鹤岗）由西往东单向通行（图8）。
- 荷花池支路（南通西路至荷花池路）由西往东单向通行。

同时，完善交通标志标线，对所有变更通行方式的路口，均设置相应的交通标志标线，并提前设置到位，同步投入使用（图9）。

图7　淮海路单行实施前后对比

图8　甘泉路单行实施前后对比

图9　完善单行措施相关标志标线

2. 沿线交通节点进行交通渠化，优化路口交通组织

1）拓宽道路幅度。对荷花池岗北段道路东侧的部分绿岛进行削减，对汶河南路－南通西路交叉口北进口进行展宽（图10）。

图 10　汶河南路－南通西路交叉口拓宽、增设可变车道、安装中央隔离栏

2）开辟可变车道。在汶河南路－南通西路交叉口北进口增加 1 条车道，由原来的 3 进（直行 + 右转，直行，左转）2 出变成 4 进（直行 + 右转、直行、可变车道、左转）2 出。7:40—8:20 和 15:30—17:00 的学生上学和放学阶段，由于南通西路（汶河南路－渡江路）西向东禁止通行，可变车道设置为直行车道，留 1 条左转车道供公交车通行；其余时段可变车道设置为左转，保证 2 条左转车道来补偿原南通西路西向东的通行相位损失。

3）推进物理隔离。在甘泉路道路南侧局部空地栽设阻车桩（图 11），控制机动车乱停放的同时，为非机动车提供停车区；在汶河南路增设中央隔离栏。隔离栏的设置，进一步规范了行车空间，改善了道路通行秩序。

图 11　设置阻车桩

3. 优化调整交叉口信号配时

交警部门对沿线涉及的石塔岗、放鹤岗、仙鹤岗、荷花池岗的信号灯配时进行同步调整。荷花池岗结合可变车道的设置，在高峰时段实行南北进口单口放行、平峰时段实行对称放行，有效解决了汶河南路车辆积压问题（表 3）。

表3 高峰时段部分交叉口信号配时表

交叉口	高峰时段相位			
荷花池岗	1 29s	2 53s	3 25s	
放鹤岗	1 15s	2 36s	3 30s	4 26s
仙鹤岗	1 44s	2 34s		

（注：图中竖线为人行过街相位。）

4. 整治重点违法，强化管理

结合单行交通组织和开学后学生出行需求，在荷花池岗北口开展了停车等待"去尾"管理行动，即对接送车辆实行即停即走管理，确保汶河南路无车辆停车等待，保障交通通行。同时，加强对违反禁令标志、逆向行驶和非机动车驶入机动车道秩序整治，严查淮海路、南通路、甘泉路逆向行驶的机动车（图12）。

图12 强化路面管控

5. 协调实施公交单行

甘泉路、淮海路、南通西路为双向2车道，受道路空间受限，公交车无法实施双向通行，同时借鉴其他城市管理经验，支队联合苏北人民医院与公交集团召开座谈会，讨论公交车单行可行性，优化调整了7路次公交线路，对公交车同步实施单向通行，在不影响居民公交出行的同时，保证道路资源最大化利用。

6. 借力媒体，注重民意导向

苏北人民医院地处城市核心区域，周边道路的交通组织调整变化对市民出行影响较大。支队拟定单行循环方案后，即在扬州电视台、交通广播电台、交管双微平台等各类媒体、媒介进行广泛宣传，告知交通组织调整方案及如何出行。正面解答群众疑问，消除市民顾虑，充分收集意见、建议，及时优化方案，为交通组织方案的实施奠定民意基础（图13）。

图13　各级媒体宣传引导

实施效果

1. 缓解医院门口交通拥堵及车辆积压问题

苏北人民医院南门前以往的交通拥堵、通行不畅的问题已经不复存在；汶河南路以往占用车道排队等待，造成路段内积压的情况也已经大为好转，路段通行效率得到提高（图14、图15）。

图14　医院南门优化后通行状况

图 15　医院西门优化后通行状况

2. 提高区域的道路运行速度

根据某平台数据分析，对区域相关路段行驶车速进行了统计（表4~表6）：

表4　南通西路实施前后行驶车速对比表

道路	方向	统计时段	统计周期	车速/(km/h)	与2018年7月对比
南通西路	由东往西	全天	2018年7月	25.15	0
			2018年8月	30.27	20.3%
			2018年9月	24.62	-2.1%
			2018年10月	24.21	-3.7%

表5　荷花池路实施前后行驶车速对比表

道路	方向	统计时段	统计周期	车速/(km/h)	与2018年7月对比
荷花池路	由南往北	全天	2018年7月	26.82	0
			2018年8月	28.74	7.15%
			2018年9月	28.46	6.11%
			2018年10月	27.6	2.9%

表6　文汇东路实施前后行驶车速对比表

道路	方向	统计时段	统计周期	车速/(km/h)	与2018年7月对比
文汇东路	由西往东	全天	2018年7月	32.43	0
			2018年8月	35.94	10.82%
			2018年9月	35.74	10.2%
			2018年10月	36.85	13.63%

南通西路8月通行时速明显上升，9月、10两月在学生开学、就诊高峰双叠加的情况下，全天车速也基本与7月基本持平；荷花池路、文汇东路自苏北人民医院周边道路单循环实施以来，车速均得到了相应提升。

案例点评

大型医院周边的道路交通管理一直是城市交通管理的重难点。本案例通过采取道路单行、路口拓宽改造、设置隔离、调优信号配时等综合优化措施，充分挖掘老城区的道路通行潜力，缓解交通拥堵。单行交通组织的实施，会对周边群众出行产生较大影响，扬州在实施之前考虑社情民意，充分做好宣传和引导工作，才保证了措施有效推进，值得学习。

另外，在此案例中，医院停车供需矛盾大，虽然周边社会停车场能够解决一部分停车需求，但是由于距离医院较远，对行动不便的病人来说仍不够便利。对此，可以考虑在医院附近设置就诊即停即走的临时上下通道、将医院职工内部停车位与社会停车位置换、社会停车场与医院之间设置摆渡车等方式，为就诊病人提供便利，可以更好地缓解停车矛盾。

这种坐落在核心区的医院，最大的问题就是先天路网不佳，缺乏挖掘潜力。因此，在进行交通组织时，要考虑如何将压力转移，不要过度集中在一个点上，如案例中就采用了单行交通组织方式，利用路网绕行，将流量压力分散到整个路网上。同时，在对这种老旧道路、支小道路进行优化提升时，要综合采用"信号 + 空间 + 组织"的模式，才能发挥最佳效果。

医院出入口路段的协调控制

案例简介

医院周边交通拥堵现象较为普遍，尤其是短间距路口进一步加剧了拥堵程度。本案例通过清空相位、拆分相位、上游截流等方式实现信号协调控制，有效解决了高峰期间车流排队溢出、医院排队车辆阻挡主线车流通行等问题。

现状及问题分析

人民东路是昆明市主城区东西方向的主干路，路段长度703m，沿线共设置了4组交通信号灯。其中，人民东路－工人文人宫、人民东路－延安医院路口为行人过街路口，路段周边有大型商业区、医院、学校，人流、车流较为密集（图1、图2）。

图1 路口区位图

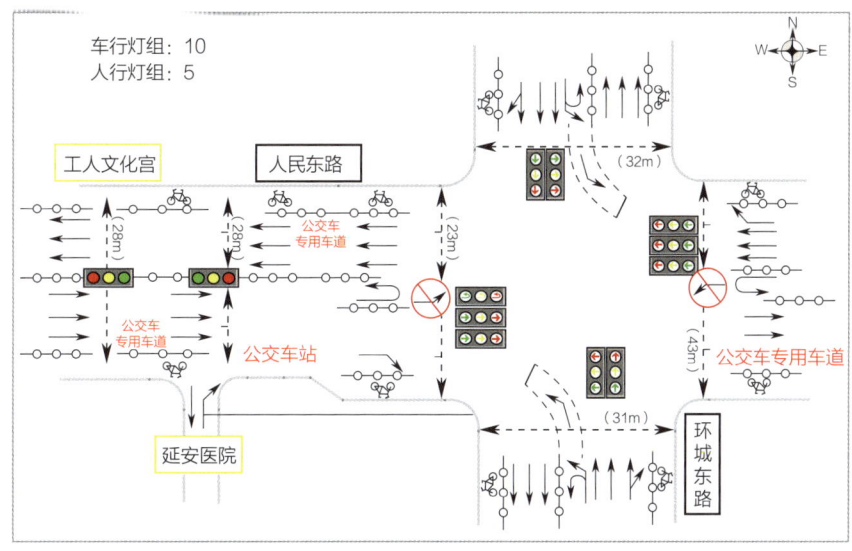

图2 人民东路（环城东路－工人文化宫）基础信息图

3个交叉口信号相位如图3所示,其中人民东路-环城东路交叉口东西进口禁止左转,为3相位控制。

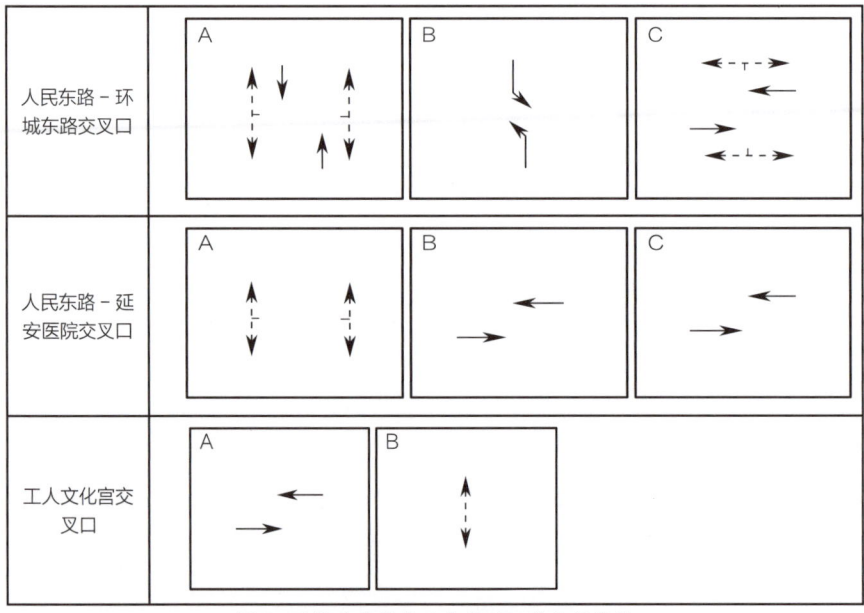

图3 人民东路沿线三个交叉口信号相位图

现状主要问题如图4所示:

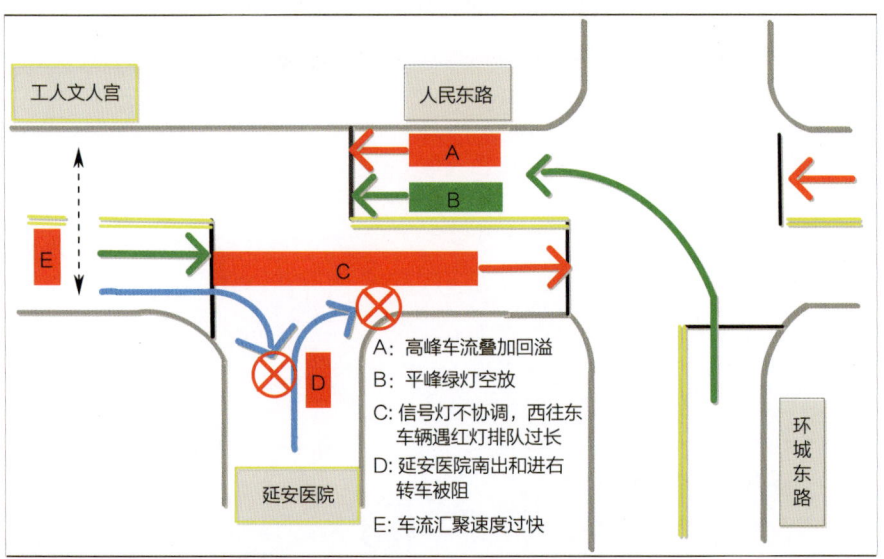

图4 人民东路沿线优化前主要问题汇总

1. 高峰期间由东向西交通流排队溢出频发

人民东路-环城东路交叉口的南进口左转与东进口直行为相邻相位,接连汇入西出口。因人民东路与环城东路、延安医院2个路口的信号机为"一机双岗",不支持设置相位差进行协调控制,车流难以清空,并且2个路口仅相距209m,空间不足导致排队溢出频发。

2. 平峰期间绿灯空放，行人闯红灯多发

平峰时段，人民东路－环城东路交叉口南左转与延安医院东西直行绿灯同时启亮。环城东路南左转车流到达有时间差，延安医院路口车流提前清空造成绿灯空放，常有行人闯红灯现象（图5）。

图5　机动车过早清空引发行人、非机动车闯红灯

3. 高峰期间主线车流与医院排队车流相互干扰

高峰期间，由西往东交通流在人民东路－延安医院路口西进口排队过长。此时，右转进入延安医院车流量较大，医院排队车辆与主线通行车辆相互干扰，交通秩序较乱，导致绿灯通行效率过低（图6、图7）。

图6　延安医院入口处由西向东车流排队距离过长　　图7　右转进入医院排队车流干扰主路车流通行

4. 西侧上游交叉口车流汇聚速度过快

道路西侧人民东路－工人文化宫交叉口信号周期过小，主路直行车流长时间放行，由西向东汇入速度快，东侧交叉口交通压力大。

优化思路

路口优化后协调流向如图8所示。

- 关键路口采用信号协调控制，重点保障主流向的交通畅通。
- 采用清空相位、拆分相位，快速疏导短连接路段交通流。
- 从上游交叉口截流，减少由西向东交通量。

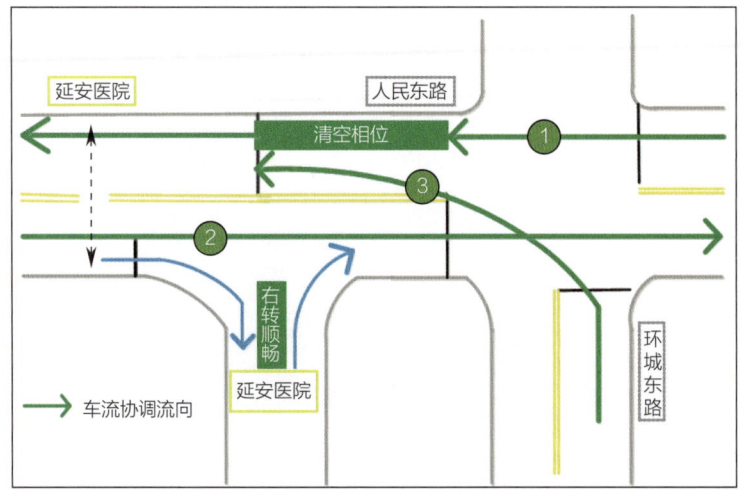

说明：图中1、2、3车流为交通主流向

图8　路口优化后协调流向示意图

优化措施

1. 巧用清空相位、拆分相位，实现短连接路口协调

将人民东路与环城东路、延安医院交叉口的信号相位拆分为A、B、C、D、E、F共6个，通过配时和相位调整，实现2个路口的协调控制效果（图9）：

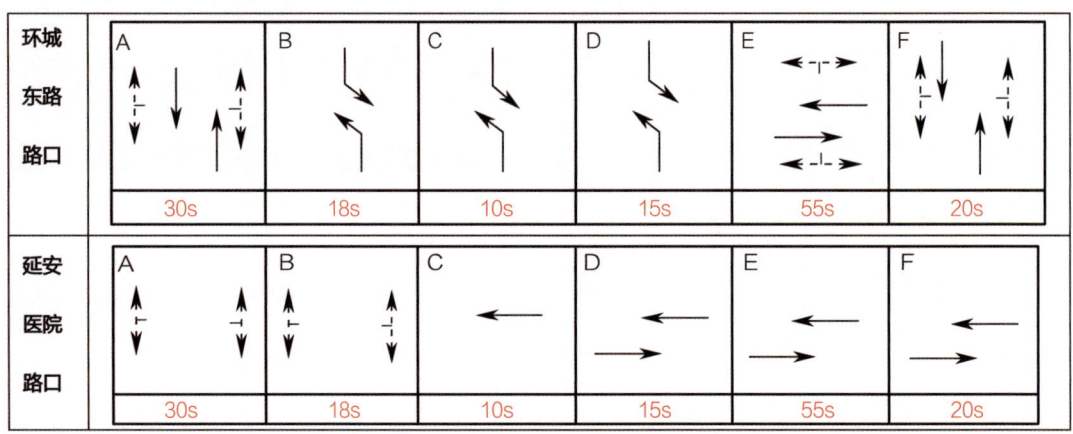

图9　人民东路-环城东路交叉口、人民东路-延安医院交叉口优化后相位图

1）2 个路口相位 A 同步启动，2 个路口在该相位模式下无协调需求。

2）2 个路口相位 B 启动时，延安医院仍然保持行人过街相位，一是考虑到医院门口行人过街需求大，二是利用该相位时间形成一个 18s 的相位差，协调环城东路南进口左转通过延安医院东进口车流（图 8 车流 3），即环城东路路口 B 相位与延安医院路口 C 相位实现"绿波"效果。

3）环城东路南北左转 D 相位延长，同样形成一个 15s 的相位差，协调延安医院路口 D 相位和环城东路路口 E 相位（迟启 15s），2 个路口西向东直行车流实现"绿波"效果（图 8 车流 2）。

4）环城东路路口 E 相位配合延安医院路口 E、F 相位，协调东向西直行车流（图 8 车流 1）。

2. 由西向东"红波截流"，由东向西"绿波放行"

设置人民东路沿线 3 个交叉口双向协调方案，其中西向东为"红波"截流效果，避免车辆过快进入延安医院路口，缓解医院内车辆进出冲突问题；东向西为"绿波"协调，快速清空短连接路段内车流，保障通行效率（图 10）。

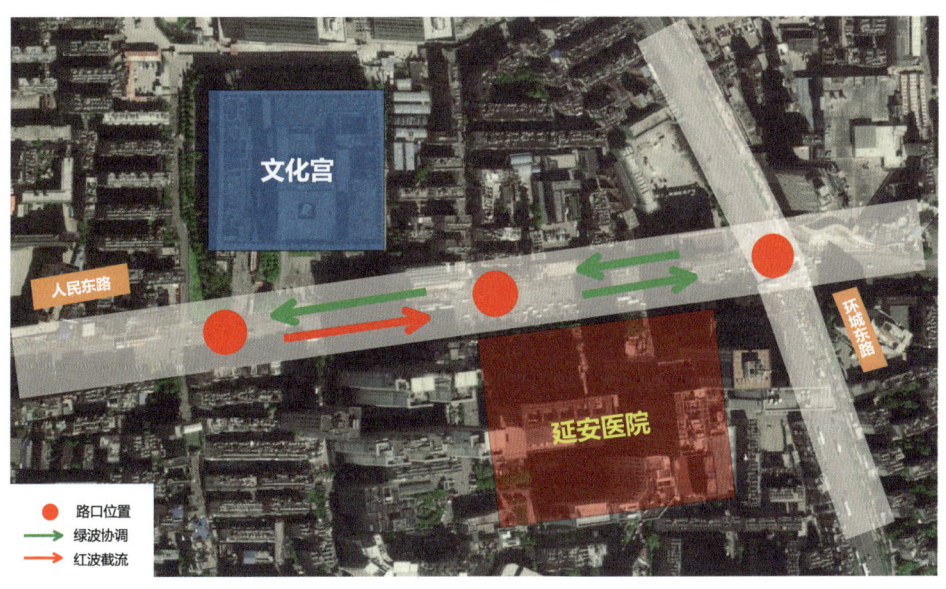

图 10　人民东路沿线 3 个交叉口协调设置示意图

实施效果

1. 仿真评估

通过 vissim 微观仿真，优化前后路段通行状况得到明显好转，无明显排队溢出现象（图 11、图 12）。

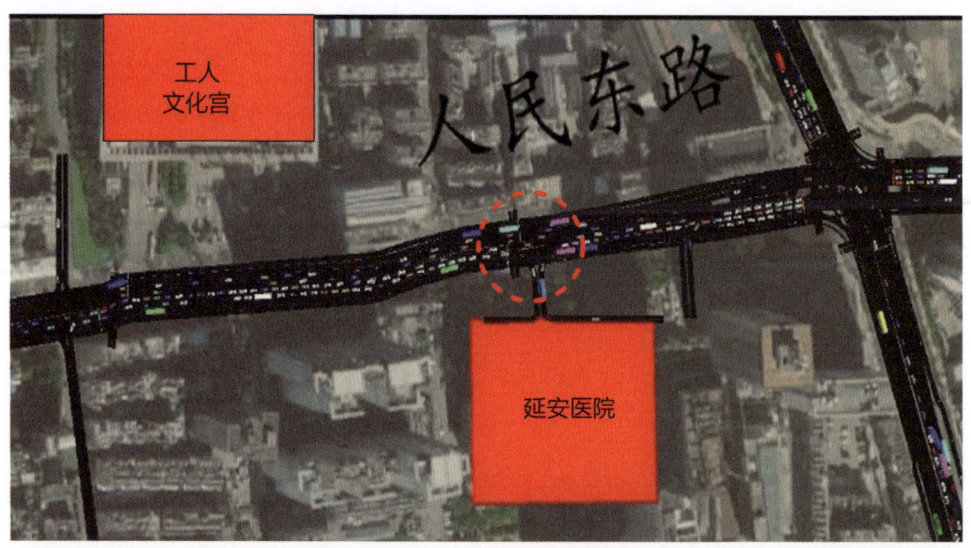

图 11 优化前路段交通情况仿真效果图

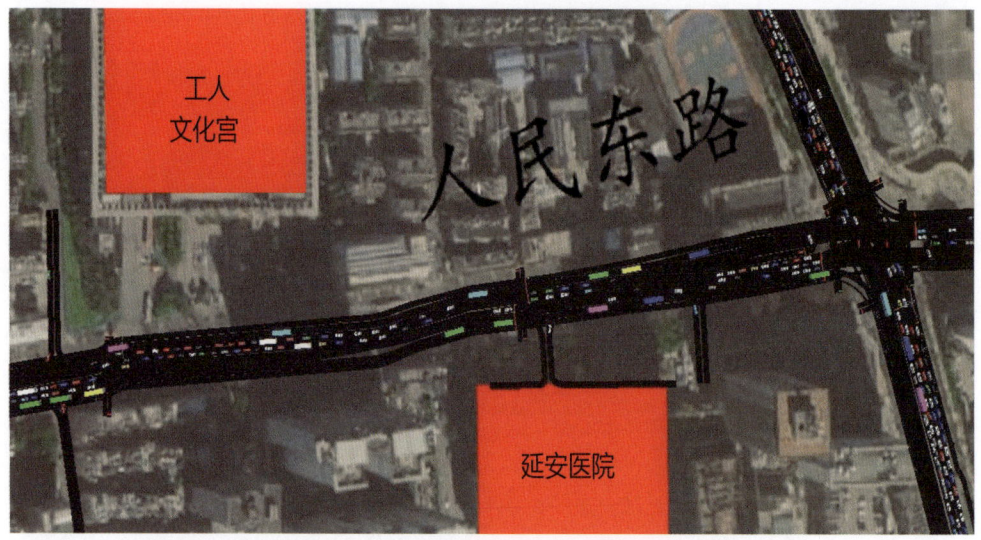

图 12 优化后路段交通情况仿真效果图

2. 实施效果观测

优化前后高峰期路段拥堵情况对比如图 13 所示。

1）从延安医院路口进入环城东路路口的车流无需停车等待通行，车辆排队溢出问题明显缓解。

2）延安医院路口由西往东直行车辆排队长度明显缩短，一定程度上将车流排队从延安医院路口西进口，转移至道路条件较好的环城东路路口西进口，驾驶人行车体验感提升，车流通行效率提高。

3）延安医院南进口右转车流受直行排队车辆影响得到缓解，通行顺畅。西进口右转车流可以正常进入医院，对西往东直行车流通行影响降低，路段通行效率得到提高。

优化前　　　　　　　　　　　　　　　　　优化后

图 13　优化前后高峰期路段拥堵情况对比

3. 互联网数据对比

根据某平台数据分析，信号方案优化后，路段拥堵延时指数下降，平均车速明显提升（图 14、图 15）。

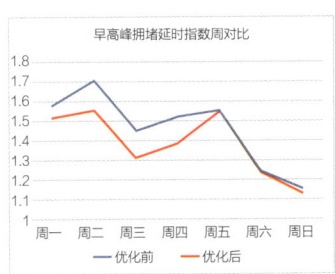
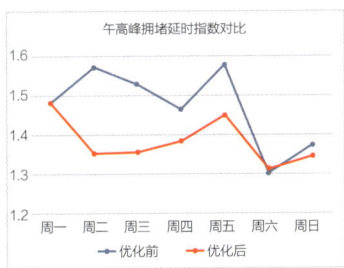
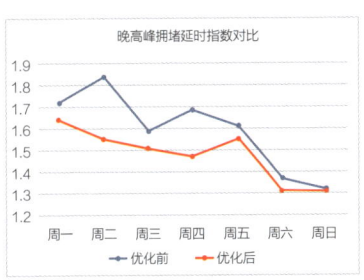

图 14　不同时段拥堵延时指数周对比

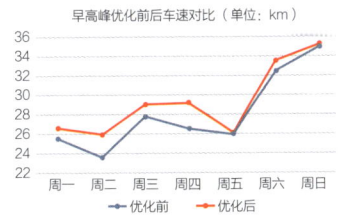
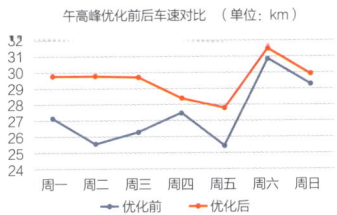
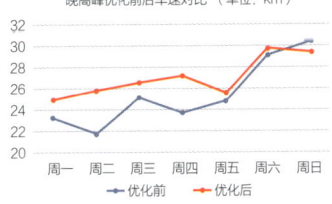

图 15　不同时段路段车速周对比

案例点评

本案例针对医院周边道路的交通拥堵问题，实地分析了医院进出车辆对周边道路的影响情况及周边路口的交通流量特征，提出多路口联合调控的信号优化方案。利用清空相位来将 2 个核心路口 3 个方向实现绿波放行，达到协调控制效果；针对车辆排队溢出的问题，将西侧相邻人行过街路口纳入协同控制，缓解车流快速涌入产生的排队溢出问题，提升医院周边路段的行车体验。

优化信号配时可以短期缓解医院周边道路的交通拥堵情况，从长远来看，要减少医院出入交通对主干路的干扰，必须综合施策。比如，将医院内部符合条件的道路打造为单行路，实现院内微循环并增加车位供给；保证医院出入口与交叉口有一定距离，给予车辆足够的排队空间，减少对交叉口交通流的影响；有条件应增加出入口数量，缓解单一出入口的交通压力等。

安全高效的学校接送系统

案例简介

中小学周边一直是城市道路交通堵点、事故多发点。本案例介绍了济宁市北湖小学通过设置接送专用车道、学生步行安全通道、单行道等措施，以及设置隔离、请求式信号灯等设施，打造安全高效的接送系统，有效改善了学校周边交通秩序混乱局面，提高了道路安全性。

现状及问题分析

济宁市北湖小学坐落于济安桥南路－许庄路交叉口东北角（图1），周边道路交通环境十分复杂。由于缺少接送期间的交通组织，加之部分家长贪图出行方便，在学校周边道路随意掉头、抢道穿插、闯红灯、闯禁逆行，进一步加剧了交通秩序混乱，造成学校区域交通事故多发，仅依靠交警人工指挥疏导效果甚微（图2）。

图 1　北湖小学区位

图 2　北湖小学周边交通优化改善前实景

优化思路

- 设置接送车辆通道和步行通道，使交通流各行其道，互不干扰。
- 采用即送即走接送管理模式，提高接送效率，避免长时占道。
- 通过监控、手机 App 实现警家校三方联动，实现准时、准点接送。
- 利用隔离、标志指引等设施，将车辆通道与步行通道衔接，构建接送系统，保障接送有序、安全。

优化措施

1. 设置机动车接送专用车道

首先,考虑到济安桥南路机动车和非机动车断面均较宽,且为学校大门所对道路。为方便接送,由南向北设置机动车接送专用车道,从空间上分离通过性车辆与接送学生车辆,各行其道,互不干扰(图3~图5)。

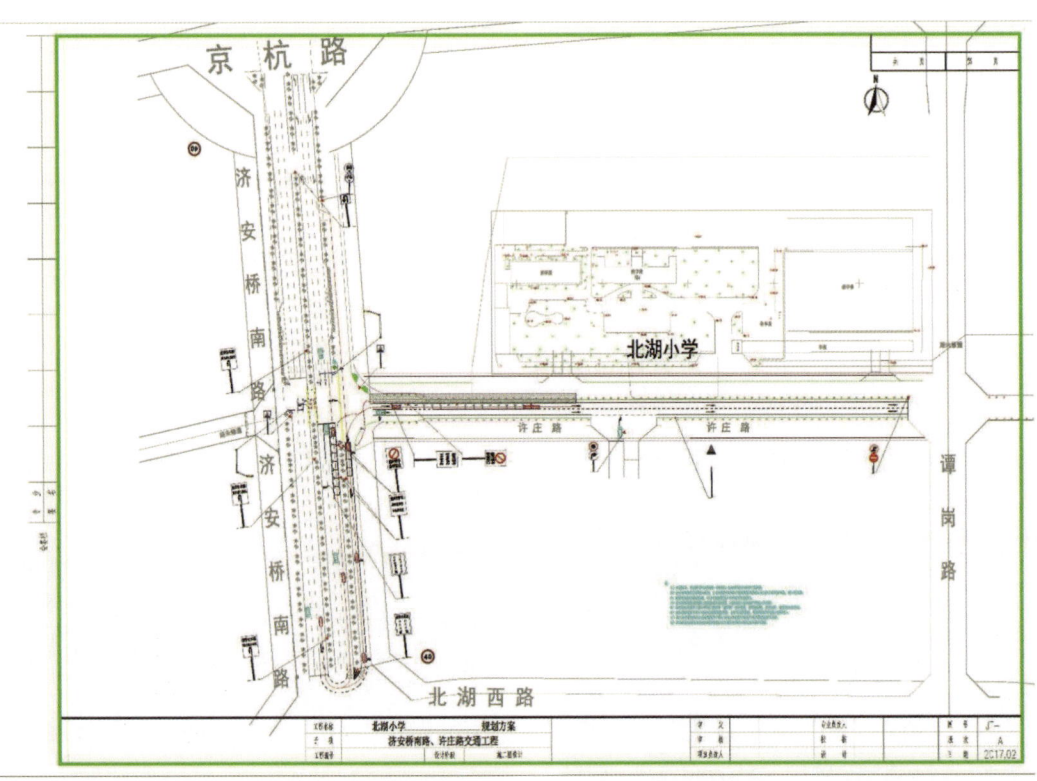

图3 北湖小学周边交通组织方案

图4 接送专用车道设置

图5 专用车道起点标志牌

其次，由于学生人数较多，接送高峰期的专用车道可能会造成车辆长时间排队，故将高、低年级学生接送专用车道进行分离。同时，为减少接送专用车道对通过性车辆的影响，一条设置在机动车道外侧车道上，另一条利用非机动车道设置。

最后，考虑高年级学生相比低年级学生的安全意识更强一些，将内侧非机动车内的专用道设置为低年级接送区，外侧的为高年级接送区。分别设置提示牌，指引不同年级接送车辆各行其道。

同时，在南北方向，距济安桥南路与许庄路交汇处的交通信号灯约100m处，分别设置减速慢行标志牌，警示南北方向过往机动车低速通行，确保学生安全。

2. 单行路实施即停即走管控

许庄路道路较窄，设置为由西向东的单行路（图6），加快接送车辆由西向东疏散，同时禁止车辆掉头。一方面减少车辆冲突点，避免拥堵；另一方面避免拥堵时车辆掉头因视线问题造成安全隐患。同时，北幅左侧车道设置为即停即走车道（图7），方便接送车辆临时停靠。通过指示标牌，进一步明确低年级和高年级学生接送停车区。

图6 单行路

图7 即停即走车道

3. 设置学生专用安全通道

许庄路北侧设置一处安全通道（图8），实现接送学生车辆与安全通道无缝对接。通道内地面设为橘红色，两侧分别设置安全防护栏，并且悬挂交通宣传板，进行安全宣传，提高学生道路交通安全意识。通过通道设置，实现人车分离。

图8 学生专用安全通道设置

4. 提升行人过街安全措施

（1）设置封闭式安全岛、硬质隔离设施

济安桥南路路幅较宽，学生一次性过街困难，故设置封闭式安全岛，提供充足的行人驻足空间，并禁止车辆在此掉头、左转。

采用硬质隔离设施封闭道路东侧机动车道与非机动车道，禁止机动车道车辆右转威胁学生过街安全（图9）。

（2）增设行人请求信号设施

在济安桥南路－许庄路交叉口东西两侧分别设置行人过街请求信号设备，当学生及家长有通行需求时，可按放行按钮等候通行（图10）。

图9　封闭式安全岛、硬质隔离设施

图10　学生使用行人请求信号设施过街

5. 设置远程监控设施

在北湖小学校门口、许庄路西口、对侧路口及交通信号灯处4个点位设置互联网远程监控设备，家长可通过下载监控App软件，远程对学生上放学的行踪进行实时监控（图11）。

图11　远程监控设施App

6. 加强交通安全宣传

安排宣传民警不定期到学校开展安全教育讲座，向学生普及交通安全知识，介绍交通安全提升方案的功能和作用，进一步提升学生文明交通参与意识（图12）。

通过学校家长会、校园广播、签订承诺书等多种方式，加大安全组织方案宣传，倡导文明出行，保证专用车道的实施效果，避免相互占用。

图 12　学校安全出行专题报告

实施效果

北湖小学接送系统在全省公安机关基层技术创新竞赛和展示活动中荣获"最受欢迎创新成果奖"。

1. 车辆接送更加便利

利用机动车接送专用车道、学生专用通道，明确行人、车辆的通行、等待区域，学生通过安全通道到达指定上车地点，形成了封闭交通环境，最大程度减少车流交织、人车冲突，对安全性的提升作用明显。即停即走模式，节省了接送时间，提高了接送效率。方案实施后，该区域没有发生一例受伤的道路交通事故。

2. 学生过街更加安全有序

通过行人请求信号灯，待南北方向机动车停止后，方可顺利进入道路。避免了学生无序过街，同时避免了交通冲突，交通事故隐患得到了消除。

3. 实时管控更加安心

引入视频监控系统，实现了对交通实时管控，家长可以及时了解到学生上学和放学的情况，让家长更为放心，得到了家长高度肯定。同时，交管部门可通过视频监控系统对路口及路段进行视频巡检，及时发现事故、拥堵等突发状况，快速反应。

案例点评

为有效解决学校周边交通问题,本案例将机动车接送专用车道、学生专用安全通道、即停即走式单行道进行有机衔接,构建形成合理的接送系统。通过完善交通标志,在加强接送系统指引的同时,提高道路上的安全警示,保证了接送系统的高效运转。同时,考虑到家长的心理,设置智能监控设施,使家长可远程及时掌控孩子行踪。

学生上下学的交通方式是多样的,如步行、公交和非机动车。但是在本案例中,重点考虑的机动车接送的情况,忽视了其他出行方式需求。本案例可考虑进一步完善非机动车接送通道、非机动车停放区域、公交站台设置等问题。

早期建设的学校,由于缺乏接送系统的规划建设,导致学校区域的接送交通短时间聚集,交通拥堵较为普遍。在进行优化组织时,首先要了解学生上下学时的出行方式类型,考虑如何将接送交通与通过性交通进行分离,设置接送通道虽是一种较好的方法,但需要一定的道路空间,当空间不足时,采取时段性禁行、单行也是可取的;其次需要考虑如何利用区域路网,对进入和驶离的接送交通流进行合理组织,尽可能地简化交通复杂度,保证有序接送,避免接送车辆随意掉头、变道等行为;最后需要加强接送系统引导,指引家长和学生快速到达接送区、快速寻找到对方,避免接送车辆长时间占用接送泊位。此外,构建快速、便捷、安全的公共交通接送方式,如定制公交、校车,才是化解接送矛盾最为有效的方法。

交通集散地周边
交通组织优化

高铁站旅客接送通道交通组织

火车站周边高峰控流疏导设计

体育中心大型活动交通精准管控

高铁站旅客接送通道交通组织

案例简介

高铁站承担了大量的客运市际交通,是火车、公交、出租车及私家车等各类交通出行方式的重要转换节点,也是交通拥堵的常发地。本案例通过设置功能分区合理的地面与地下接送通道、挖掘停车资源、增加停车引导等方式,形成了高效的接送系统,缓解了余姚高铁北站存在的乘客进出站不便、接送车辆乱停乱放等交通秩序乱象。

现状及问题分析

余姚高铁北站是杭甬铁路客运专线的一个重要站点,位于城东路以西,余慈公路以南位置(图1)。高铁北站共设置2站台6线,规划近期年发送旅客420万人次,远期年发送旅客600万人次。

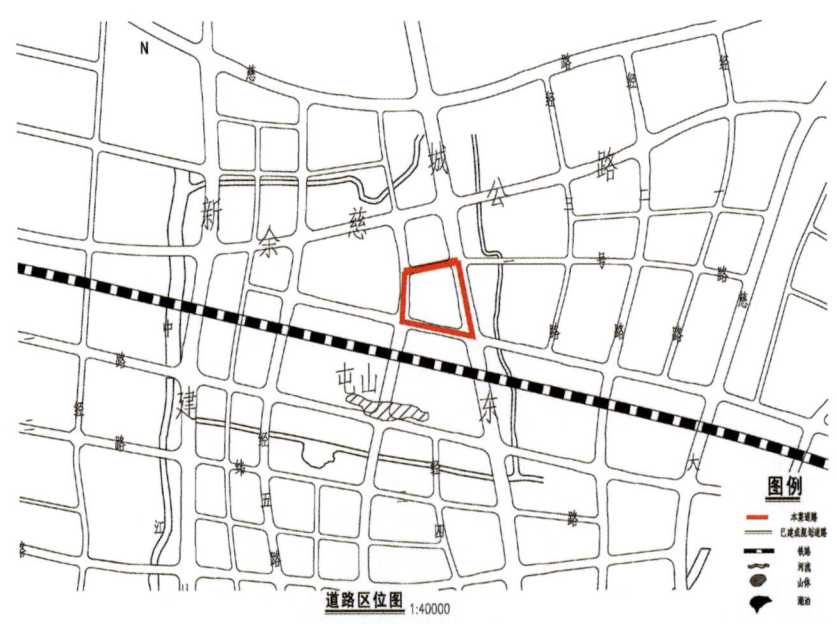

图1　余姚高铁北站区位图

余姚高铁北站规划设计时,仅在南广场设置地下停车库。但当高铁站正式投入使用后,乘客接送主要集中在北广场,导致大量接送车辆在周边道路随意停车上下客,对路网造成了极大的影响。主要存在以下问题:

1. 周边道路车辆违停现象严重

接送车辆、出租车多占用北广场周边道路停车并上下客,乱停乱放现象十分严重(图2)。

此外，高铁站原配套建设的出租车接送区域较小，不能满足停放需求，导致出租车排队过长溢出到主干路上。

图 2　接送车辆乱停乱放

2. 乘客步行进站距离远，便利性差

余姚高铁北站建设时广场面积较大，乘客进出站与上下车的位置步行距离较远，便利性差（图 3）。

图 3　余姚高铁站乘客步行距离远

3. 停车供需矛盾突出

余姚高铁北站现有停车位约 1300 个，虽然已通过收费方式提高停车位周转率，但在节假日期间，仍无法满足乘客的停车需求。此外，建设初期未考虑大客车的停车需求，地下停车场未预留客运大巴停放区。

4. 现有停车资源未充分利用

由于周边道路缺乏停车指引系统，接送车辆难以快速寻找到地下车库位置，导致现有停车位利用较低,日常多处于闲置状态,部分车位甚至被一些车辆长期占用(图4)。

图4　地下停车场被车辆长期占用

优化思路

- 利用北广场站前空间设置送客通道,将送客区域从主干路转移至车站内部道路,从源头上控制主干路随意停车乱象。
- 分离出租车与社会车辆的送客通道,减少相互干扰,并且严控停车时长,实行即停即走。
- 出租车送客通道与待客区有效互联,扩大出租车待客区域停车空间。
- 构建南北广场双接送通道,分散交通压力。
- 充分挖掘现有空间资源,增设待客停车位,并加强停车指引与违法监管,规范停车秩序。

优化措施

1. 在北广场新建U形送客通道

如图5、图6所示为北广场送客通道设计图及实景。

1)布设U形送客通道,将通道直接与高铁站候车厅相接,缩短乘客进站步行距离,同时提高步行便捷性。

2)送客通道与北侧站北路连接,采用西入东出的单向交通组织,并对进出口采用右进右出控制,减少对主干路的通行干扰。

3）利用绿化带将送客通道分隔为两部分：内侧通道宽 7m，设置为 2 车道；另一条通道宽 4m，设置为 1 车道。

4）考虑接送社会车辆进出及出租车辆待客需求，将 3 条车道的功能根据实际接送需求进行划分：紧邻候车大厅的车道设置为"出租车专用通道"，并与出租车待客区相接，出租车送客后可以直接进入出租车待客区等待接客。利用 U 形弯，增加出租车待客空间，解决出租车待客区排队过长，溢出占用社会道路待客的问题。剩余 2 车道为即停即走区域，供社会车辆使用。

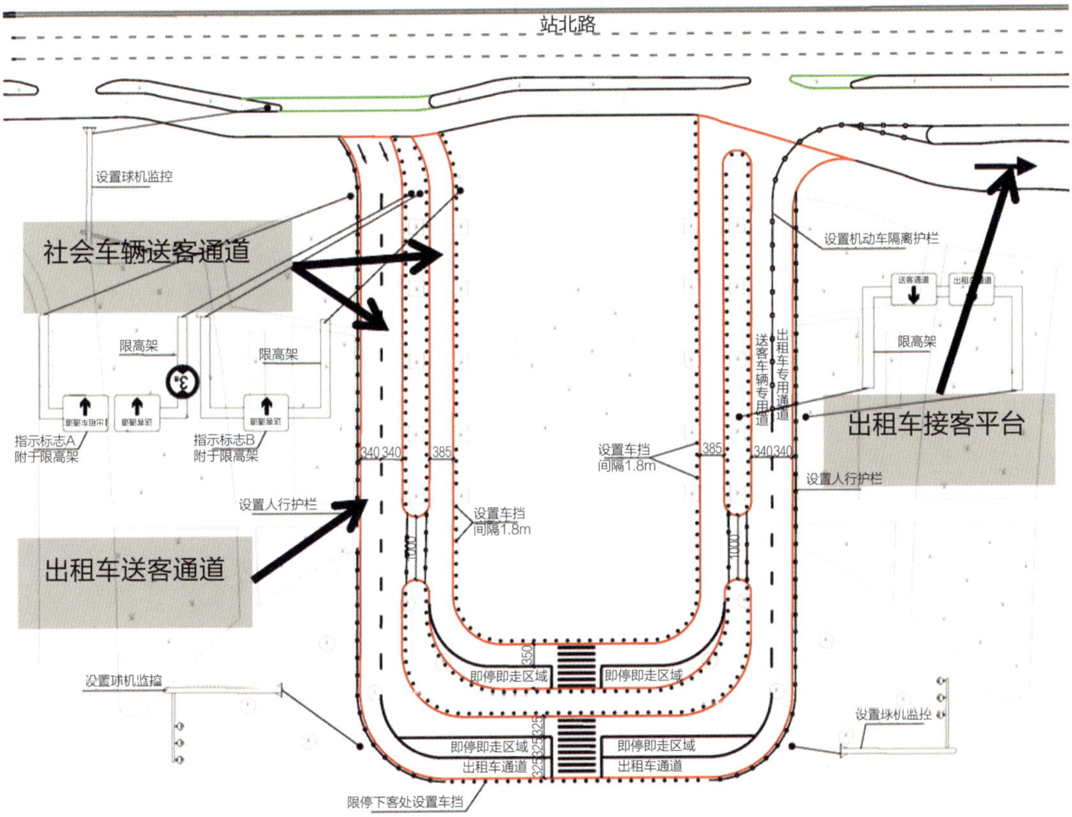

图 5　北广场送客通道设计图

图 6　北广场送客通道实景

5）为加强交通指引，在送客通道出口前 40m 设置隔离栏，分隔社会车辆与出租车辆，并通过标志牌提示车辆提前变道，各行其道（图 7）；为保证通行安全，在通道入口及两侧设置限高架和护栏，确保仅小型车进入送客通道，并阻止其进入广场内部（图 8）。

图 7　送客通道布设

图 8　送客通道设施设置

2. 优化南广场地下接送通道

对南广场地下停车场进行工程改造，增加一条接送通道，分散北广场的送客压力。通过设置彩色地面、增加地面引导标志、粘贴墙面指引标志、优化现有出入口指引系统等措施，明确送客区位置，加强地下接送通道的指引，保证接送车辆的有序通行（图 9、图 10）。

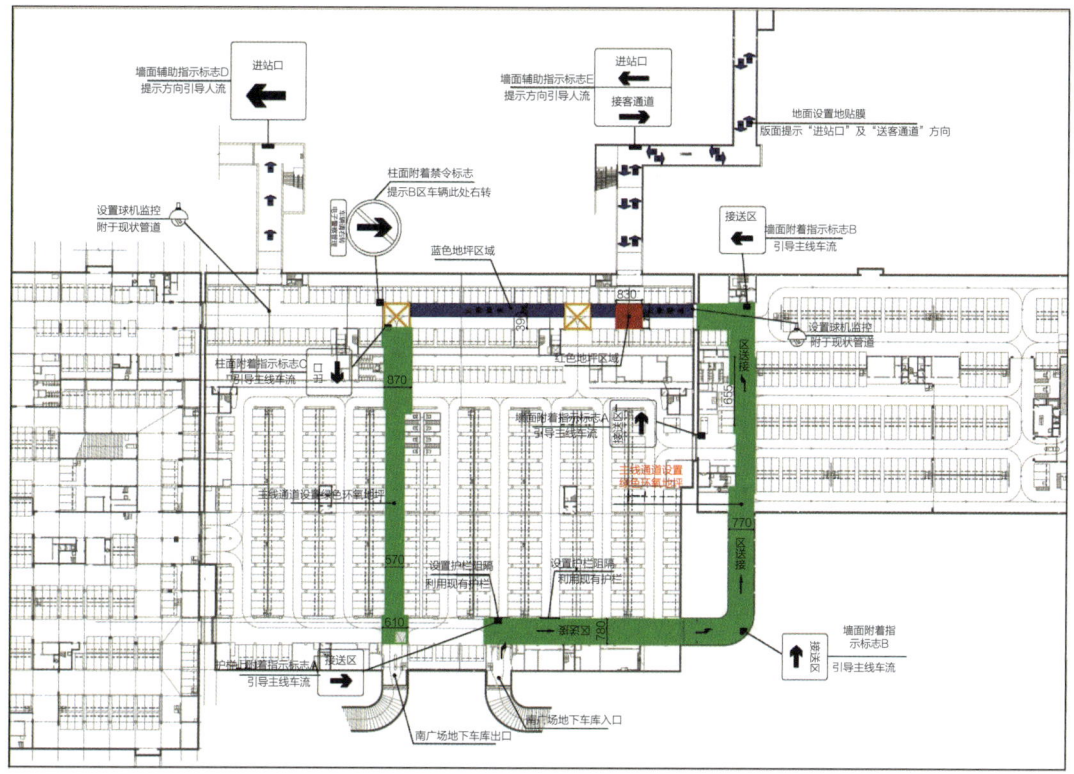

图 9 地下车库接送客流线示意图

图 10 地下车库送客区实景图

3. 新建大型停车场，补齐大客车停车位

为解决大型车辆停靠问题，在站场东侧建设大型停车场，新增停车位 496 个。其中，大型车停车位 22 个，解决了站场周边高峰停车需求，也补齐了无大客车停车位短板（图 11）。

图 11　新建大型停车场

4. 加强周边路网交通指引和停车诱导

1）为加强停车管理，高铁北站周边区域（站南路 - 中山路 - 站北路 - 金盛北路）设置为禁停严管区，在现有的机非分隔带上，增设禁止停车标志，明确告知禁停范围和区域。

2）在金盛北路 - 站南路交叉口、金盛北路 - 站北路交叉口、中山北路 - 站南路交叉口、中山北路 - 站北路交叉口前，设置送客通道指示标志，引导车辆快速寻找停车位（图 12、图 13）。

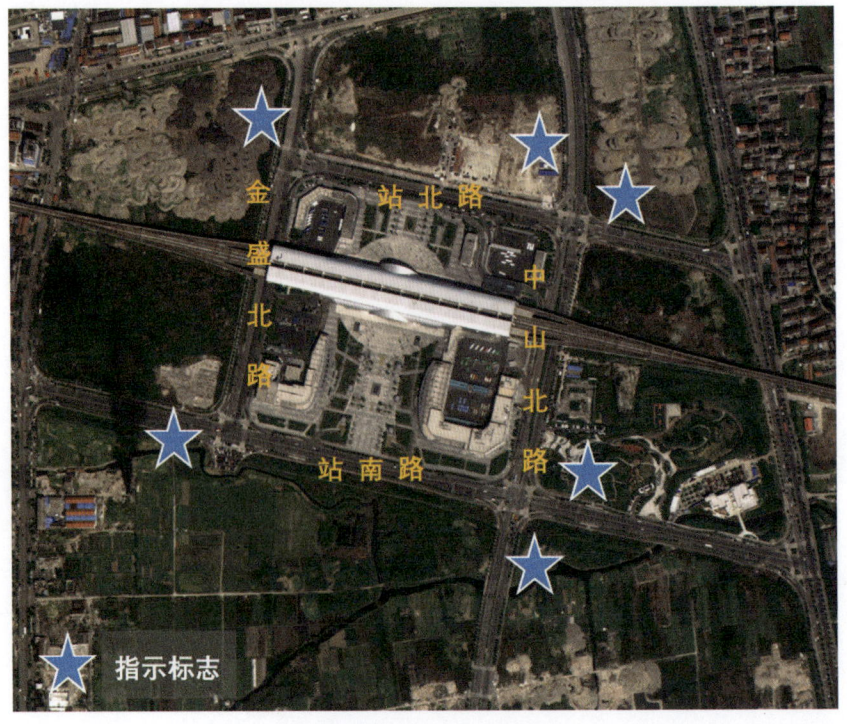

图 12　指示标志位置图

图 13　指示标志实景图

5. 增设监控设施，加强周边违法行为监管

1）设置违停监测系统。为加强对违停车辆的监管，在周边道路上布设了 22 套违法停车监测系统，实现全路段违停监控全覆盖，实施网上巡查。所有车辆均不得在主路上停留，即停即走送客通道也不得长期占用。通过对监控系统设定临时停放时间，实现对违停或超时停放车辆的抓拍（图 14）。

图 14　LED 屏公布违法信息

2）设置语音执法系统。为加强教育，实现执法的人性化，设置 8 套语音执法系统，对所有进入禁停区域的违法停放的车辆进行语音提示："您已进入违停抓拍区域，请立即驶离。"

3）设置 LED 违法发布屏。在四周的 4 个灯控路口红绿灯杆上，新建 8 套 LED 显示屏，及时公布违停抓拍情况，对违停车辆起到威慑作用。

实施效果

1. 满足了乘客接送空间需求

利用南、北广场现有空间打造的地面和地下的立体接送系统,为接送车辆提供了接送空间,大大方便了乘客上下车,并通过区分不同车辆接送区域,减少车流交织,提高送客交通秩序。

2. 引导式停车,改善了交通秩序

增加停车供给,并配合连续的交通指引系统,有效引导接送车辆快速入位、规范停车,减少接送车辆乱停乱放、寻找车位形成的无效交通流,有效改善了周边道路交通秩序。

3. 形成违停严惩严纠的执法局面

通过设置监控、语音执法、LED屏违法信息发布等措施,形成了违停严惩严纠的执法局面,与引导教育相结合,从根本上解决了周边道路的违法停车问题。

案例点评

本案例综合分析了高铁站周边存在的接送不便、车辆乱停乱放、交通秩序混乱等问题,通过打造立体接送系统、合理划分接送通道功能、实行接送车辆"即停即走"、完善道路交通指引及停车诱导、加强违停监管等方式,有效改善区域周边的交通秩序,极大地方便乘客出行。

本案例的优化方法也存在一定的局限性。一方面,建设费用较大;另一方面,接送系统的打造以及停车资源的挖掘需要有足够空间,如果大型交通枢纽没有预留则上述措施将难以落实。此外,网约车已成为当前较为常用的交通出行方式,大型交通枢纽规划建设时还应考虑其停车候客空间。

因此,大型交通枢纽在规划设计之初,就应结合实际交通出行特征,构建完善、便捷的接送系统,同时做好空间预留,从源头上缓解可能出现的交通拥堵问题,也为后期优化改善提供空间保障。

火车站周边高峰控流疏导设计

案例简介

火车站周边由于人流、车流汇集，在高峰期间极容易产生交通拥堵，进而影响整个片区交通的正常运行。本案例针对唐山火车站周边路口由于高峰期交通量过饱和造成的排队车流溢出等问题，通过外截内疏、小周期放行、单口放行、搭接相位、精细化配时等信号优化措施实现控流疏导，保障了路段交通的整体顺畅。

现状及问题分析

唐山火车站是唐山市重要的地标性建筑，也是环渤海地区仅次于北京南站和天津站的第三大城市交通枢纽。竹安路位于唐山站东侧，是南北方向主干路，在站前路施工期间，竹安路路段交通压力剧增，高峰时段道路达饱和状态。竹安路在沿线1.2km的路段分布着5个灯控路口，路口之间的间距小，经常发生交通拥堵与排队溢出现象（图1）。主要存在以下问题：

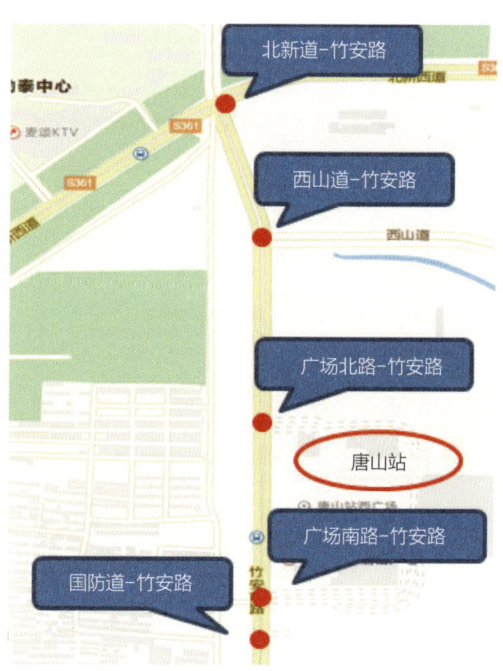

图1　竹安路路段位置图

1. 信号机型号不一

竹安路沿线5个灯控路口共设置了3种类型的信号机，且大部分为单点机，未实现协调控制，导致沿线路口通行效率较低。

2. 高峰期间路段内部各进口方向车流量饱和

竹安路与北新道、西山道交叉口高峰期间车流量饱和，各进口车辆排队长度较长，无法增加竹安路进口的通行时间。

3. 路口间距过短，容车空间有限

竹安路沿线广场北路、广场南路、国防道的3个交叉口相距较短，最短间距仅160m，车辆排队空间有限，极容易出现车流回溢至上游路口的情况，严重影响后续车辆通行。

优化思路

- 沿线路口"外截内疏"，减少内部通行压力。
- 采用小周期放行，加快相位轮转提升短连接路段车辆清空速度。
- 设置单口放行及搭接相位，优先疏通短连接路段内部车辆。
- 精细划分信号控制时段，匹配路段交通流运行特征。

优化措施

图2所示为竹安路路段内部车辆疏导思路。

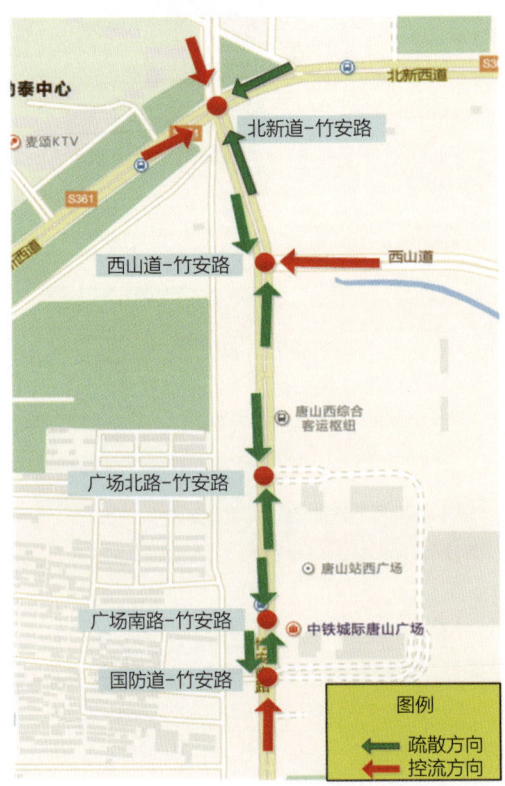

图2　竹安路路段内部车辆疏导思路

1. 采用"绿波协调"及"小周期"信号控制

针对该路段的 3 种不同机型，仍采用"绿波协调"思想设计信号配时方案，同时对间距较近的路口实行小周期放行，减少路口停车等待时间：

1）尽量保持路口周期一致（或成倍数关系）。单点信号机无法同步控制时钟，因此采用调整协调相位相序"凑出"相位差的办法，尽可能实现各交叉口之间的协调控制。

2）根据路口间距及车流特点，调整各交叉口的信号周期（表 1）。西山道－竹安路交叉口、北新道－竹安路交叉口、广场南路－竹安路交叉口的信号周期一致；广场北路－竹安路交叉口与广场南路－竹安路交叉口的间距较短，容易出现车队回溢至下游路口的现象，因此该路口采用半周期（小周期）放行方式，减少车辆的排队长度，提高路口通行效率。

表 1　竹安路（北新道至国防道路段）路口信号周期

路口名称	高峰周期 /s	低峰周期 /s
北新道－竹安路	154	77
西山道－竹安路	154	77
广场北路－竹安路	77	77
广场南路－竹安路	154	77
国防道－竹安路	77	77

2. 采用单口放行方式

拆分国防道－竹安路交叉口的信号相位，将南北对放相位调整为单口放行，既保证北往南方向车流的畅通，又能通过缩减南进口的相位时间来减少进入竹安路的车辆，缓解广场南路－竹安路交叉口的排队溢出现象（图 3、图 4）。

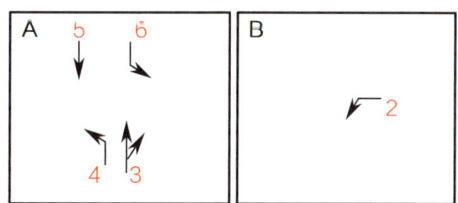

图 3　国防道－竹安路交叉口优化前放行方式

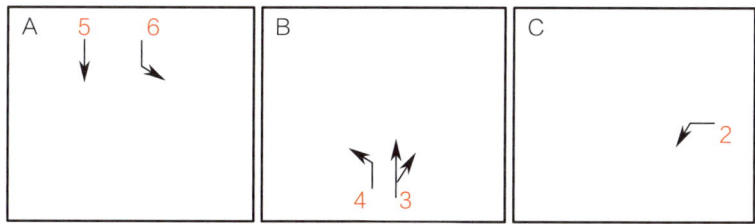

图 4　国防道－竹安路交叉口优化后放行方式

3. 设置搭接相位

根据路口车流量统计分析,西山道－竹安路交叉口南北向车流量不对称,但是路口采用直行对放的相位,会出现南进口直行时间不足,而北进口空放的现象。因此,根据交通流量特征设置直行、左转/掉头搭接相位来减少路口空放现象(图5、图6)。

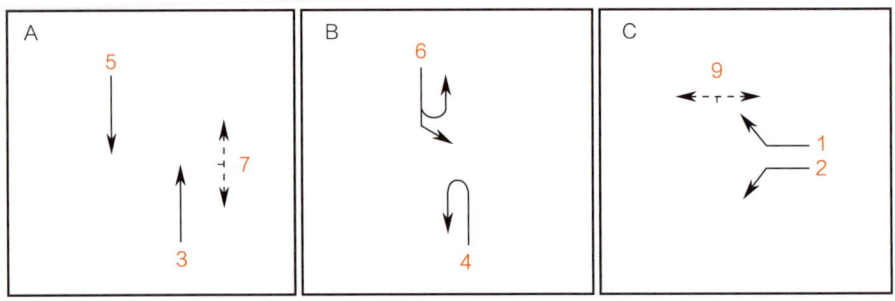

图 5　西山道－竹安路交叉口优化前放行方式

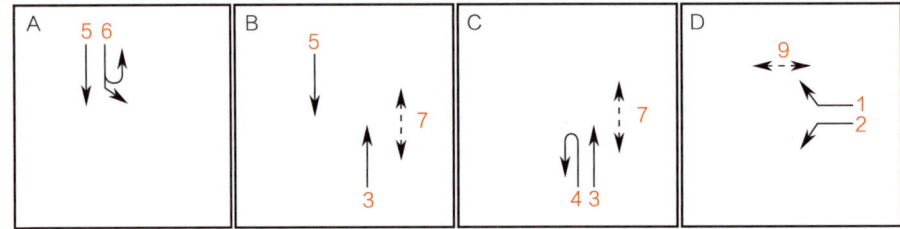

图 6　西山道－竹安路交叉口优化后放行方式

4. 信号控制时段

综合考虑火车站车辆到站时刻表,将北新道－竹安路交叉口精细划分为 10 个时段,并结合流量变化对各个时段相位、配时方案进行针对性设计(表2)。

表 2　北新道－竹安路交叉口多时段信号方案(单位:s)

时间段	周期	东西直行	东西左转	北单放	南单放
7:00—9:20	154	50	45	30	29
9:20—13:20	154	45	40	29	40
13:20—14:30	154	39	50	25	40
14:30—16:00	154	45	40	29	40
16:00—17:30	154	45	40	29	40
17:30—19:20	154	48	40	25	41
19:20—20:20	154	40	45	30	39
20:20—21:20	154	45	40	29	40
21:20—22:20	154	39	51	29	35
22:20—7:00	77	22	15	20	20

实施效果

1. 车辆排队溢出现象大幅减少

优化措施实施后,该路段早晚高峰排队溢出现象有了明显的改善。早高峰时段,除北新道-竹安路交叉口存在二次排队外,其他路口基本能够一次清空;晚高峰时段,西山道-竹安路交叉口南进口排队长度大幅缩短。

2. 排队长度及停车次数明显降低

优化后,北新道-竹安路交叉口东、南进口的排队长度由 50 辆降低至 15 辆,减少了 70%、停车次数由 3 次减少为 1 次;西山道-竹安路交叉口的排队长度减少 62.5%,停车次数降低 66.6%。部分交叉口进口优化前后对比如图 7~图 9 所示。

优化前

优化后

图 7　北新道-竹安路交叉口东进口优化前后对比

优化前

优化后

图 8　西山道-竹安路交叉口南进口优化前后对比

优化前 优化后

图9 广场北路－竹安路交叉口北进口优化前后对比

案例点评

本案例是火车站周边路段高峰控流疏导的典型案例。在道路条件有限、车流量饱和的情况下，采用搭接相位、小周期放行、单口放行、精细划分时段等方式优化信号控制方案，消除了高峰期间路口间的排队溢出现象，保障路段交通整体顺畅，用较少的成本实现了道路通行能力的整体提升，值得借鉴。

本案例中未提及非机动车的交通管控方式。由于改善方法中采用了搭接相位及单口放行的方式，必然会存在左转非机动车与直行机动车的交通冲突问题，此时可通过增设非机动车信号灯来实现机非分离。

火车站周边区域人流、车流密集，高峰期间极容易出现交通拥堵问题。针对此情况，可优先通过优化信号配时方案的方式予以改善。比如，采用外截内疏有效地控制车流在路段上的分布，通过疏导来保障路段内部车流量的快速通行，减少因交通量饱和造成的拥堵甚至排队溢出现象等；采用小周期放行，加快相位轮转提升车辆清空速度从而减少路口排队长度；采用搭接相位，保证主流向的交通顺畅等。但是，仅优化单一拥堵路口会将大量车流释放到下游路网，造成蔓延式、转移式的交通拥堵。因此，在制定缓堵措施时，应综合考虑整体路网的承载能力，统一开展交通优化设计。

体育中心大型活动交通精准管控

> **案例简介**

　　大型活动举办期间，场馆附近交通吸引力强，车流快速集聚，加上公交调度不及时，导致车辆进场难、停车难、散场疏散时间久等问题，大大降低了区域交通运行水平。本案例通过大数据分析，预测南昌国际体育中心大型活动交通出行及分布，提前精准管控，实现了车辆有序进场、有序停放、出行结构优化、快速疏散，有效降低了出行影响，节约了警力。

> **现状及问题分析**

　　南昌国际体育中心项目（图1），简称"国体中心"，建有"一场四馆"，占地约8万㎡，自2011年起，承办了全国城市七运会体操赛、WTA女子网球赛、ATP职业网球国际争霸等赛事，以及多场大型演唱会。

图1　南昌国际体育中心区位

如图2所示为大型活动期间国体中心周边道路交通状况，根据以往大型活动在国体中心举行时的历史经验，主要存在以下问题：

1. 进场通行问题

传统的交通组织模式一般是根据聚集规模对交通出行量和影响范围进行预测，围绕活动地设置核心区、分流区，在核心区根据观众规模提前1~3h封闭交通。这种方式对交通的影响面大、影响时间长，也影响区域内市民出行。

2. 车辆停车问题

场馆配建的停车资源严重不足，在周边道路占道停放易造成拥堵，而场馆周边单位、小区、酒店等场所的停车场规模小且较分散，得不到有效利用，同时其他公共停车场距离场馆较远，停车资源空闲。

3. 散场疏散问题

国体中心6号门、7号门距地铁站点较近，客流密集，2号门、3号门距配建停车场近，车流密集，这造成周边道路交通压力不均衡。散场时，大量客流、车流蜂拥而上，秩序混乱，拥堵易发。

4. 公交接驳能力不足

国体中心在新城区，公交、地铁等公共交通运力班次、运行时间与观众数量和出行线路不匹配，且公交站点和公交接驳点的引导设施不完善。

图2 大型活动期间国体中心周边道路交通状况

优化思路

如图3所示为演唱会期间国体中心周边交通管控示意。

- 引入大数据预测模式，把握交通态势，强化出行需求管理和控制。
- 动、静态交通协同管控，控制停车需求。
- 实行区域多级控制，加快疏散分流。

某演唱会期间交通管控示意图

图3 演唱会期间国体中心周边交通管控示意

优化措施

1. 根据购票信息及流量数据，预测交通出行方式（图4）

以某演唱会为例进行说明，根据购票平台信息，共有4.2万人购票。依据购票身份信息，识别出外省约2500人，本省南昌周边地市（车程在2h范围内）约3800人，本省其他地市（较远）约3000人，南昌本地区县约3.1万人；按年龄分类：20岁以下约1.1万人，20~40岁2.8万人，40岁以上0.3万人。

推测外地观众的交通方式和入场线路。根据票价，推测外地观众的消费层次；根据所在城市高铁、动车的站点，推测是否会采用高铁、动车出行；根据所在城市的方向，推测自驾车进出城的出入口和通行线路。研判结果：针对外省观众，以高铁、动车为主要交通工具，衔接火车站-场馆的地铁运力充足；针对省内外地观众，所在城市未设高铁、动车站，采用自驾方式的可能性较大，距场馆最近的两个进城口近1个月交通饱和度为50%~60%，结合管制区边界路口卡口、视频检测等流量数据，当天交通增量8%~10%，是周边路网可以承受的范围，可以不进行交通管制。

推测本地观众的交通方式。研判结果为本地观众大多数会采取乘坐地铁的方式。

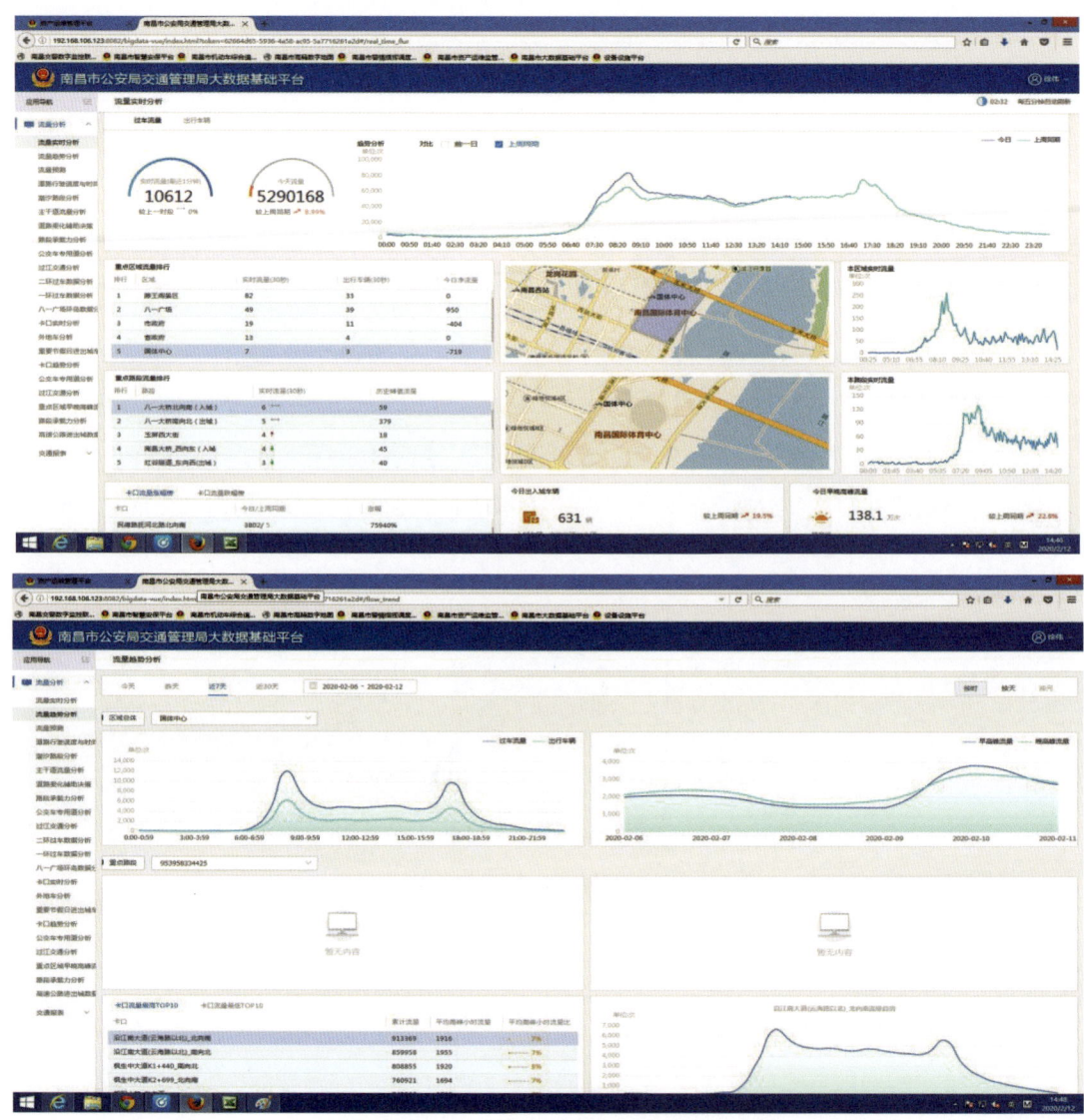

图 4 大数据基础平台流量监测

故需要进一步提升地铁和公交等公共交通的运力，并在国体中心周边实行临时性的交通管控方案，提供充足的私家车停车空间。

2. 预测停车需求，挖掘停车资源

通过大数据分析发现 1 个月内每天 17:30—20:00 进出活动影响区域的车辆 3500~3800 辆，集中为刚需出行。对比同等规模演唱会，该时段预计增加 3800~4000 辆机动车，可以认定为参加演唱会的自驾车辆，即大型活动停车需求。

国体中心停车场较小，主要用于工作用车停放，不向观众开放。因此，需要将自驾车停车场所设置于国体中心外围，根据实际情况提供 3 个社会停车场：绿地国博城 2000 个停车位、九龙市民广场 1000 个停车位、南航学院 500 个停车位；并在周边次干路设置允许单侧顺向停车的停车位，可停放 300~400 辆机动车（图 5）。

国体中心位于新城区，非机动车出行比例较低，统一停放至赣江南大道东侧人行道上（图6）。

图5 大型活动期间次干路单侧顺向停车

图6 慢行交通流线及非机动车临时停车区域

3. 根据停车位置，配置公交接驳车辆

根据 3 个停车场的停车预测，配备了往返停车场至国体中心接驳观众的公交大巴（每辆车可运输 40~50 人）。例如：演唱会共调配了 50 余辆大巴往返运输接驳客流（3 个停车场每趟往返时间为 5~10min），散场时完成运输客流 7000 余人（图 7）。

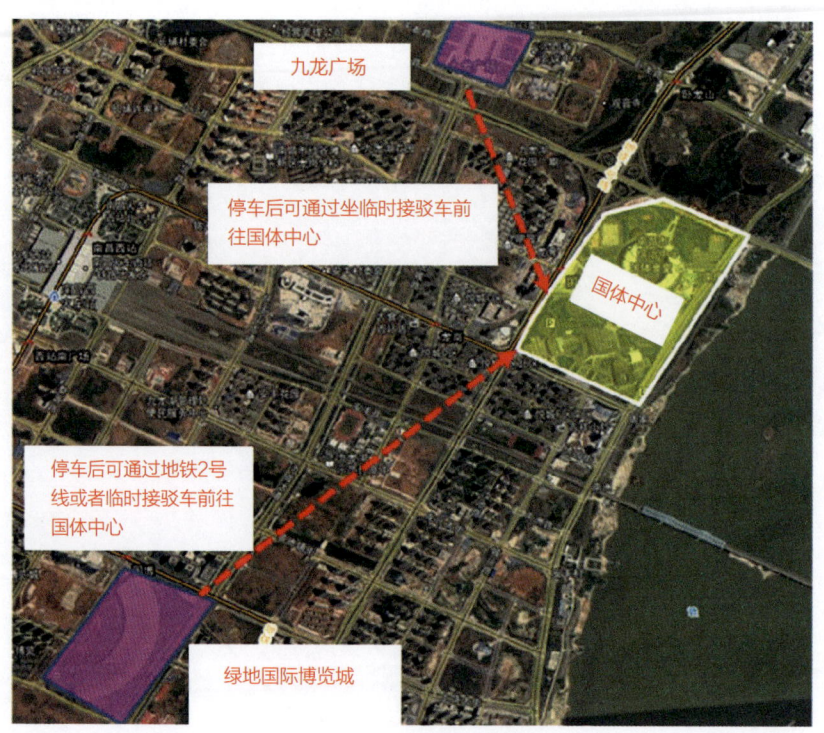

图 7　公交车接驳示意图

4. 结合地铁闸机数据，调整轨道交通发班频率和运营时间

根据地铁闸机的历史数据，可以区分演唱会时段常住居民和观众数量。演唱会开始前 2h 和开始后的 0.5h，国体中心地铁站的客流量较日常多出 2.1 万 ~2.5 万人次。该地铁站末班时间是 22:51，且 22:00 后每 15min/ 班；而演唱会 22:30 散场，为确保在大型活动中能够安全、快速疏散客流，充分发挥轨道交通大运量的优势，协调延长地铁线末班车时间，按 2000 人次 / 趟计算，在散场时加密发班频率，2 万余观众在 30min 内基本上完成向外疏散。

5. 精准设置交通管控圈，合理组织各类车辆通行

（1）设置核心管控区和外围分流区

核心管控区内道路禁止与演出无关的社会车辆通行，工作人员车辆凭通行证进入。为减少扰民，根据道路的交通服务水平，对场馆出入口相邻道路进行单侧管控，另外半幅道路允许社会车辆通行。具体如下：赣江南大道的车辆均走辅道（西站大街口－卧龙路口允许车辆在辅道南向北单行），以中心隔离带为界，三清山大道的卧龙路口－西站大街口允许车辆北

向南单行，西站大街三清山大道口－赣江南大道口允许车辆西向东单向通行，即社会车辆只允许围绕国体中心相邻道路逆时针通行（图8）。

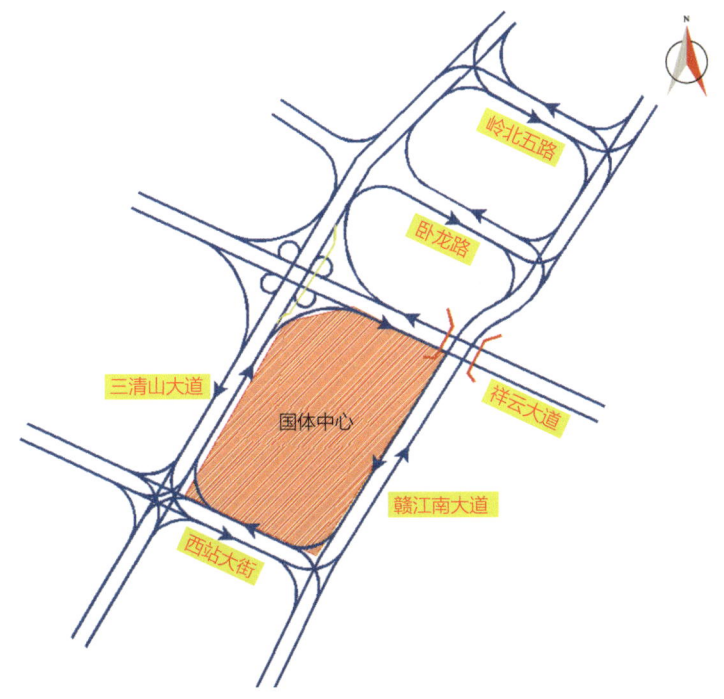

图8　管控区周边机动车流线

（2）提前交通诱导

交通诱导屏发布交通管制提示，避免出现临时掉头等无效交通，造成短时拥堵（图9）。

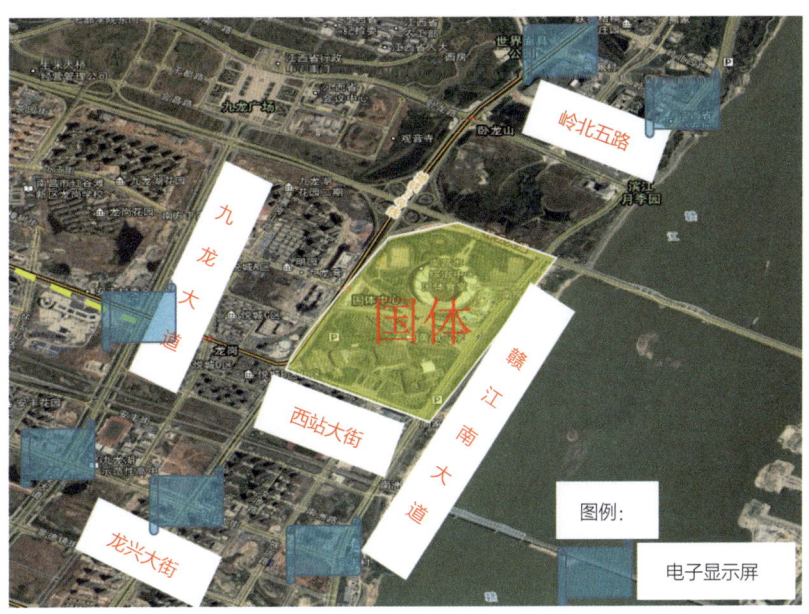

图9　交通诱导屏设置位置

6. 外围路口信号联动控制，实现车辆"慢进快出"

对外围信号灯路口采取"慢进快出"信号控制策略，对区域内拥堵路段实行多路口信号联动控制，疏导拥堵路段，均衡路网的交通压力。活动散场后，活动影响区域内信号灯路口自动执行散场预案，区域内出行方向绿信比大幅增加，拥堵路段执行多路口关联方向绿灯联动（图10）。

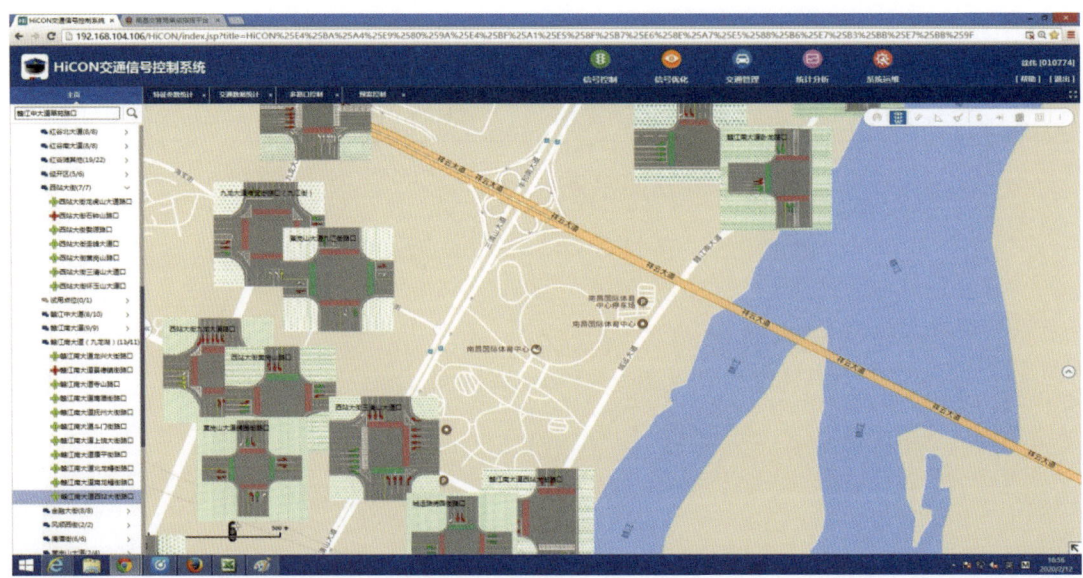

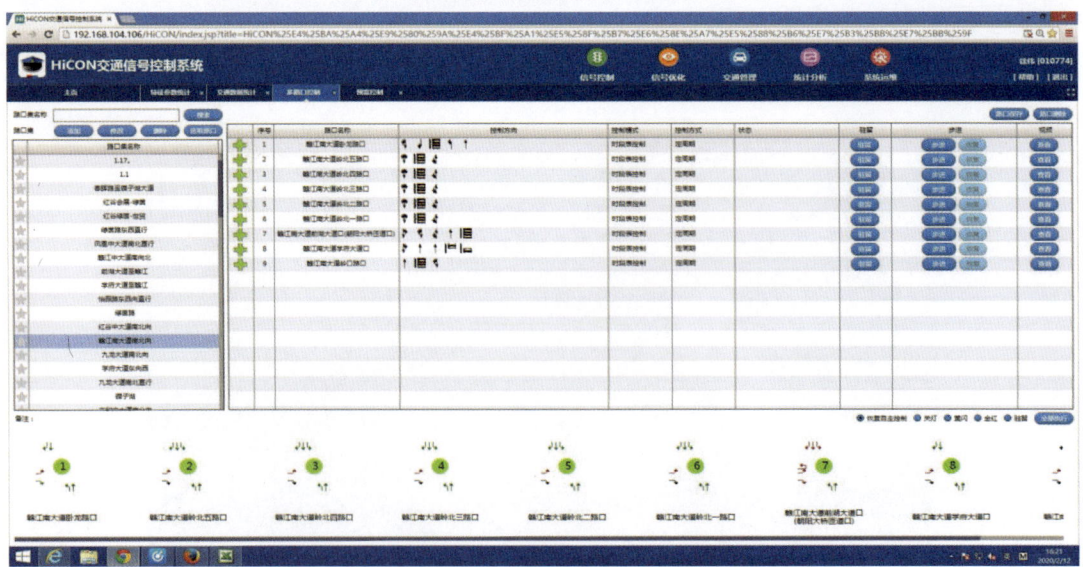

图10　外围路口信号配时调控

实施效果

优化方案实施后，车流、客流得到快速疏散，未形成大范围拥堵。活动管控范围及管控时长都得到了较大缩小，大大减小了对于区域交通运行的影响，同时也大大提升了管控效率，节约了警力，见表 1 所示。

表 1　某明星演唱会与以往类似规模活动优化效果对比表

优化效果	优化前	优化后
核心管控圈缩小	场馆周边第二条干路的围合区域	场馆相邻道路的围合区域
出行影响较小	管制区南北向道路双向断流	场馆相邻半幅路面管制，另半幅和辅道不受管制（供刚需交通通行），交通没有断流
管制时间缩短	提前 4h 交通管制	提前 2~2.5h 交通管制
散场时间缩短	1.5h 以上散场	30~50min 散场
警力减少	除辖区大队外，大型活动还需其他执勤大队和机关警力支援	仅需辖区大队
拥堵较少	车辆无法进入管制区，造成大量掉头交通，管控点拥堵频发	公交接驳，基本上没有堵点

案例总结

本案例在流量预测的基础上，利用大数据思维分析了各类出行者的特征，有针对性地采取了管控措施，并且合理划分管控区域，有效提升了交通管控效率，减小了对交通运行的影响。

大型活动交通管控复杂多变，交管部门在当前成功经验的基础上，可以进一步探索优化措施：一是引导观众扫描二维码或关注公众号，以便推送相关演出信息、出行方式建议及出行诱导信息；二是通过大数据分析获取在管制线路和区域内有刚性出行需求的车辆，向车主推送绕行线路的短信，并通过互联网导航引导绕行线路；三是针对管制区内刚需出行的私家车推广预约通行制度。

大型活动交通管理属于临时交通管控，其特点是交通流在活动开启时短时快速汇聚、活动结束时大量集中疏散，交通需求在短时间内会迅速达到并超过通行能力，导致主要道路拥堵并向外蔓延至周边区域。常规的路口路段交通组织方法很难匹配迅速增大的交通流量，一般采取交通系统管理和交通需求管理并行的措施，其重点在于确定影响人群、影响范围以及影响时间，因此利用多维数据进行精准打靶、精准管控就显得格外重要。